AF315080

la volupté et la philosophie font le bonheur de l'homme sensé. Il
embrasse la volupté par goux il aime la philosophie par raison

THERESE

PHILOSOPHE,

O U

MÉMOIRES

Pour servir à l'Histoire du P. Dirrag, & de Mademoiselle Éradice.

PREMIERE PARTIE.

A LA HAYE.

EXPLICATION

Des feize Eftampes contenues dans cet Ouvrage.

PREMIERE PARTIE.

TABLE DES MATIERES
DE LA PREMIERE PARTIE.

Fin de la Table de la premiere Partie.

THÉRESE.

THERESE

PHILOSOPHE,

OU

MÉMOIRES

Pour servir à l'Histoire de D. Dirrag, & de Mademoiselle Éradice.

Quoi, Monsieur, sérieusement vous voulez que j'écrive mon Histoire, Vous désirez que je vous rende compte des scènes mystiques de Mademoiselle Eradice avec le très-révérend Pere Dirrag ; que je vous informe des avantures de Madame C . . . . avec l'Abbé T . . . Vous demandez d'une fille qui n'a jamais écrit, des détails qui exigent de l'ordre dans les matiéres? Vous défirez un tableau où les fcénes dont je vous ai entretenu, où celles dont nous avons été acteurs, ne perdent rien de leur lafciveté; que les raifonnemens Métaphyfiques confervent toute leur énergie? En vérité, mon cher Comte, cela me paroît au-deffus de mes forces. D'ailleurs, Eradice a été mon amie; le P. Dirrag fut mon Directeur; je dois des fentimens de reconnoiffance à Madame C... & à l'Abbé T.. Trahirai-je la confiance de gens à qui j'ai les plus grandes obligations, puifque ce font les actions des uns & les fages réflexions des autres, qui, par gradation, m'ont deffillé les yeux fur les préjugés de ma jeuneffe? Mais fi l'exemple dites-vous, & le raifonnement ont fait votre bonheur, pourquoi ne pas tâcher de contribuer à celui des autres par les mêmes voyes, par l'exemple & par le raifonnement? Pourquoi craindre d'écrire des vérités utiles au bien de la fociété? Eh bien! mon cher bien faiteur, je ne réfifte plus: écrivons; mon ingénuité me tiendra lieu d'un ftile

épuré, chez les perfonnes qui penfent ; &
je crains peu les fots. Non, vous n'effuye-
rez jamais un refus de votre tendre The-
refe ; vous verrez tous les replis de fon
cœur dès fa plus tendre enfance; fon ame
toute entiere va fe développer dans les détails des ptites avantures qui l'ont conduite, comme malgré elle, pas à pas, au
comble de la volupté.

Imbéciles mortels ! vous croyez être
maîtres d'éteindre les paffions que la nature a mifes dans vous, elles font l'ouvrage de Dieu. Vous voulez les détruire ces
paffions, les reftraindre à de certaines
bornes. Hommes infenfés! Vous préten-
dez donc être de feconds Créateurs plus
puiffans que le premier? Ne verrez vous
jamais que tout eft ce qu'il doit être, &
que tout eft bien; que tout eft de Dieu,
rien de vous; & qu'il eft auffi difficile de
créer une penfée, que de créer un bras,
ou un œil.

Le cours de ma vie eft une preuve in-
conteftable de ces vérités. Dès ma plus

tendre enfance, on ne m'a parlé que d'a-
mour pour la vertu & d'horreur pour le
vice. ,, Vous ne serez heureuse, me di-
,, soit-on, qu'autant que vous pratiquerez
,, les vertus chrétiennes & morales : tout
,, ce qui s'en éloigne est le vice ; le vice
,, nous attire le mépris, & le mépris en-
,, gendre la honte & les remords qui en
,, font une suite. '' Persuadée de la solidité de ces leçons, j'ai cherché de bonne
foi, jusqu'à l'âge de vingt-cinq ans, à me
conduire d'après ces principes : nous allons voir comment j'ai réussi.

Je suis née dans la Province de Vence-
rop. Mon pere étoit un bon Bourgeois ;
Négociant de... petite Ville jolie, où
tout inspire la joie & le plaisir ; la galan-
terie semble y former seule tout l'interêt
de la société. On y aime, dès qu'on pense,
& on n'y pense que pour se faciliter les
moyens de goûter les douceurs de l'a-
mour. Ma mere, qui étoit de... ajoutoit
à la vivacité de l'esprit des femmes de cette Province, voisine de celle de Vence-

rop , l'heureux tempéramment d'une voluptueufe Venceropale. Mon pere & ma mere vivoient avec œconomie d'un revenu modique & du produit de leur petit commerce. Leurs travaux n'avoient pû changer l'état de leur fortune ; mon pere payoit une jeune veuve , Marchande dans fon voifinage , fa maîtreffe : ma mere étoit payée par fon Amant, Gentilhomme fort riche , qui avoit la bonté d'honorer mon pere de fon amitié. Tout fe paffoit avec un ordre admirable : on fçavoit à quoi s'en tenir de part & d'autre, & jamais ménage ne parut plus uni.

Après dix années écoulées dans un arrangement fi louable, ma mere devint enceinte, elle accoucha de moi. Ma naiffance lui laiffa une incommodité qui fut peutêtre plus terrible pour elle, que ne l'eût été la mort même. Un effort dans l'accouchement lui caufa une rupture qui la mit dans la dure néceffité de renoncer pour toujours aux plaifirs qui m'avoient donné l'exiftence.

Tout changea de face dans la maison paternelle. Ma mere devient dévote : le Pere Gardien des Capucins remplaça les visites affidues de M. le Marquis de... qui fut congédié. Le fond de tendreffe de ma mere ne fit que changer d'objet : elle donna à Dieu par néceffité ce qu'elle avoit donné au Marquis par goût & par tempérament.

Mon pere mourut & me laiffa au berceau. Ma mere, je ne fçai par quelle raifon, fut s'établir à Volnot, Port de mer célebre ; de la femme la plus galante, elle étoit devenue la plus fage, & peut-être la plus vertueufe qui fut jamais.

J'avois à peine fept ans, lorfque cette tendre mere, fans ceffe occupée du foin de ma fanté & de mon éducation, s'aperçut que je maigriffois à vuë d'œil : un habile Médecin fut appellé pour être confulté fur ma maladie, j'avois un appétit dévorant, point de fièvre ; je ne reffentoits aucune douleur : cependant ma vivacité fe perdoit, mes jambes pouvoient à peine me porter. Ma mere, craintive pour mes jours, ne me

quitta plus, & me fit coucher avec elle.
Quelle fut fa furprife, lorfqu'une nuit me
croyant endormie, elle s'apperçut que j'a-
vois la main fur la partie qui nous diftingue des hommes, où par un frottement
benin, je me procurois des plaifirs peu
connus d'une fille de fept ans, & très-com-
muns parmi celles de quinze. Ma mere
pouvoit à pèine croire ce qu'elle voyoit.
Elle leve doucement la couverture & le
drap; elle apporte une lampe qui étoit al-
lumée dans la chambre; & en femme pru-
dente & connoiffeufe, elle attend confta-
ment le dénouement de mon action. Il fut
tel qu'il devoit être; je m'agitai, je treffail-
lis, & le plaifir m'éveilla. Ma mere, dans
le premier mouvement, me gronda de la
bonne forte; elle me demanda de qui j'a-
vois appris les horreurs dont elle venoit
d'être témoin? Je lui repondis, en pleu-
rant, que j'ignorois en quoi j'avois pu la
fâcher, que je ne favois ce qu'elle vouloit
me dire par les termes d'*attouchemens*, d'*impudicité*, de *péché mortel*, dont elle fe fer-

voit. La naïveté de mes réponſes la con-
vainquit de mon innocence, & je me
rendormis : nouveaux chatouillemens de
ma part, nouvelles plaintes de celle de ma
mere. Enfin après quelques nuits d'obſer-
vation attentive, on ne douta plus que
ce ne fut la force de mon tempérament,
qui me faiſoit faire, en dormant, ce qui
ſert à ſoulager tant de pauvres Religieuſes
en veillant. On prit le parti de me lier
étroitement les mains, de maniere qu'il
me fut impoſſible de continuer mes amu-
ſemens noĉturnes.

Je recouvrai bien-tôt ma ſanté & ma
premiere vigueur. L'habitude ſe perdit,
mais le temperamment augmenta. A l'âge
de neuf à dix ans je ſentois une inquiétude,
des déſirs dont je ne connoiſſois pas le but :
nous nous aſſemblions ſouvent, de jeunes
filles & garçons de mon âge, dans un grenier ou dans quelques chambre écartée, Là
nous jouïons à de petits jeux : un d'entre
nous étoit élû le maître d'Ecole, la moindre faute étoit punie par le fouet. Les gra-

çons défaifoient leurs culottes , les filles trouffoient juppes & chemifes; on fe regardoit attentivement ; vous euffiez vû cinq à fix petits culs admirés, careffés & fouettés tour-à-tour. Ce que nous appellions *la guigui* des garçons nous fervoit de jouet; nous paffions & repaffions cent fois la main deffus, nous la préffions à pleine main, nous eu faifions des poupées, nous baifions ce petit inftrument , dont nous étions bien éloignés de connoître l'ufage & le prix: nos petite feffes étoient baifées à leur tour, il n'y avoit que le centre des plaifirs qui étoit négligé; pourquoi cet oubli? je l'ignore, mais tels étoient nos jeux, la fimple nature les dirigeoit, une exacte vérité me les dicte.

Après deux années paffées dans ce libertinage innocent, ma mere me mit dans un Couvent, j'avois alors environs onze ans. Le premier foin de la Supérieure; fut de me difpofer à faire ma premiere Confeffion. Je me préfentai à ce tribunal fans crainte , parce que j'étois fans remords. Je

débitai au vieux Gardien des Capucins,
Directeur de conscience de ma mere, qui
m'étoutoit, toutes les fadaises, les pecca-
dilles d'une fille de mon âge. Après m'être
accusée des fautes dont je me croyois cou-
pable, „ Vous serez un jour une sainte,
„ me dit ce bon Pere, si vous continuez de
„ suivre, comme vous avez fait, les prin-
„ cipes de vertu que votre mere vous ins-
„ pire ; évitez surtout d'écouter le Démon
„ de la chair ; je suis le Confesseur de votre
„ mere, elle m'avoit allarmé sur le goût
„ qu'elle vous croit pour l'impureté, le
„ plus infâme des vices ; je suis bien aise
„ qu'elle se soit trompée dans les idées
„ qu'elle avoit conçues de la maladie que
„ vous avez eue il y a quatre ans ; sans ses
„ soins, mon cher enfant, vous perdiez vo-
„ tre corps & votre ame. Oui je suis cer-
„ tain présentement que les attouchemens
„ dans lesquels elle vous à surprise n'étoient
„ pas volontaires, & je suis convaincu
„ qu'elle s'est trompée dans la conclusion
„ qu'elle en a tirée pour votre salut.

Allarmée de ce que me difoit mon Con-
foffeur, je lui demandai ce que j'avois donc
fait, qui eût pu donner à ma mere une fi
mauvaife idée de moi? Il ne fit aucune dif-
ficulté de m'apprendre, dans les termes les
plus mefurés, ce qui s'étoit paffé, & les pré-
cautions que ma mere avoit prifes pour me
corriger d'un défaut, dont il étoit à defi-
rer, difoit-il, que je ne connuffe jamais
les conféquences.

Ces réflexions m'en firent faire infenfiblement fur nos amufemens du grenier
dont je viens de parler. La rougeur me
couvrit le vifage, je baiffai les yeux comme une perfonne honteufe, interdite; & je
crus appercevoir, pour la premiere fois,
du crime dans nos plaifirs. Le Pere me
demanda la caufe de mon filence & de ma
trifteffe; je lui dis tout. Quels détails n'exi-
gea-t-il pas de moi? Ma naïveté fur les
termes, fur les artitudes & fur le genre des
plaifirs dont je convenois, fervit encore à
le perfuader de mon innocence. Il blâma
ces jeux avec une prudence peu commune

aux Miniſtres de l'Eglife ; mais fes expres-
fions déſignerent aſſez l'idée qu'il concevoit de mon tempérament. Le jeûne, la
priere, la méditation, le cilice, furent les
armes dont il m'ordonna de combattre par
la fuite mes paſſions. ,, Ne portez jamais,
,, me dit-il, la main ni même les yeux fur
,, cette partie infâme par laquelle vous pis-
,, fez, qui n'eſt autre chofe que la pomme
,, qui a féduit Adam , & qui a opéré la
,, condamnation du genre - humain par le
,, péché originel ; elle eſt habitée par le
,, Démon ; c'eſt fon féjour, c'eſt fon trô-
,, ne ; . évitez de vous laiſſer furprendre par
,, cet ennemi de Dieu & des hommes. La
,, nature couvrira bientôt cette partie d'un
,, vilain poil, tel que celui qui fert de cou-
,, verture aux bêtes féroces, pour marquer
,, par cette punition, que la honte, l'ob-
,, fcurité & l'oubli doivent être fon parta-
,, ge. Gardez - vous encore avec plus de
,, précaution, de ce morceau de chair des
,, jeunes garçons de votre âge, qui faifoit
,, votre amufement dans ce grenier ; c'eſt

,, le ferpent ma fille qui tenta Eve, notre
,, mere commune. Que vos regards & vos
,, attouchemens ne foient jamais fouillés
,, par cette vilaine bête, elle vous pique-
,, roit & vous dévoreroit infailliblement
,, tôt ou tard. '' Quoi! feroit-il bien pos-
fible, mon Pere, repris - je toute émue,
que ce foit là un ferpent & qu'il foit auffi
dangereux que vous le dites? hélas! il m'a
paru fi doux! il n'a mordu aucune de mes
compagnes; je vous affure qu'il n'avoit
qu'une trés-petite bouche & point de dents,
je l'ai bien vû... ,, Allons, mon enfant,
,, dit mon Confeffeur en m'interronpant;
,, croyez ce que je vous dis; les ferpens que
,, vous avez eu la témérité de toucher
,, étoient encore trop jeunes, trop petits,
,, pour opérer les maux dont ils font capa-
,, bles; mais ils s'allongeront, ils groffi-
,, ront, ils s'élanceront contre vous: c'eft
,, alors que vous devez redouter l'effet du
,, venin qu'ils ont coûtume de darder avec
,, une forte de fureur, & qui empoifonne-
,, roit votre corps & votre ame.'' Enfin

après quelqu'autre leçons de cette espèce, le bon Pere me congédia en me laissant dans une étrange perplexité.

Je me retirai dans ma chambre, l'imagination frappée de ce que je venois d'entendre, mais bien plus affectée de l'idée de l'aimable serpent, que de celle des remontrances & des menaces qui m'avoient été faites à son sujet. Néanmoins j'exécutai de bonne foi ce que j'avois promis; je résistai aux efforts de mon tempérament, & je devins un exemple de vertu.

Que de combats, mon cher Comte, il m'a fallu rendre jusqu'à l'âge de ving-cinq ans! Tems auquel ma mere me retira de ce maudit Couvent. J'en avois à peine seize lorsque je tombai dans un état de langueur qui étoit le fruit de mes méditations; elles m'avoient fait appercevoir sensiblement deux passions dans moi, qu'il m'étoit impossible de concilier. D'un côté j'aimois Dieu de bonne foi; je désirois de tout mon cœur de le servir de la maniere dont on m'assuroit qu'il vouloit être servi. D'autre côté je fentois des defirs violens dont je ne pouvois démêler le but.   Ce ferpent charmant fe peignoit fans ceffe dans mon ame, & s'y arrêtoit malgré moi, foit en veillant ou en dormant. Quelquefois, toute émue; je croyois y porter la main, je le careffois, j'admirois fon air noble, altier; fa fermeté, quoique j'en ignoraffe encore l'ufage; mon cœur battoit avec une viteffe étonnante, & dans le fort de mon extafe ou de mon rêve, toujours marqué par un frémisfement de volupté, je ne me connoiffois prefque plus: ma main fe trouvoit faifie de la pomme, mon doigt remplaçoit le ferpent.   Excitée par les avant-coureurs du plaifir, j'étois incapable d'aucune autre réflexion: l'enfer entr'ouvert fous mes yeux n'auroit pas eu le pouvoir de m'arrêter: remords impuiffans! je mettois le comble à la volupté.

Que de trouble enfuite! le jeûne, le cilice, la méditation, étoient ma reffource: je fondois en larmes. Ces remèdes en détraquant la machine, me guérirent à la vérité tout à coup de ma paſſion ; mais ils ruinerent enſemble mon tempérament & ma ſanté : je tombai enfin dans un état de langueur, qui me conduiſoit viſiblement au tombeau, lorſque ma mere me retira du Couvent.

Répondez, Théologiens fourbes ou ignorans, qui créés nos crimes à votre gré : Qui eſt-ce qui avoit mis en moi les deux paſſion dont j'étois combattue, *l'amour de Dieu & celui du plaiſir de la chair* ? Eſt-ce la nature où le Diable ? optez. Mais oſeriez-vous avancer que l'une ou l'autre ſoient plus puiſſans que Dieu ? S'ils lui ſont ſubordonnés, c'eſt donc Dieu, qui avoit permis que ces paſſions fuſſent en moi ; c'étoit ſon ouvrage. Mais, repliquerez-vous, Dieu vous avoit donné la raiſon pour vous éclairer. Oui, mais non pas pour me décider. La raiſon m'avoit bien fait appercevoir les deux paſſions dont j'étois agitée : c'eſt par elle que j'ai conçu par la ſuite que tenant tout de Dieu, je tenois de lui ces paſſions dans toute la force ou elles étoient ;

mais cette même raifon qui m'éclairoit, ne me décidoit point. Dieu, cependant, con-tinuerez-vous, vous ayant laiffé maîtreffe de votre volonté, vous étiez libre de vous d'éterminer pour le bien ou pour le mal. Pur jeu de mots. Cette volonté, & cette prétendue liberté, n'ont de dégrés de for-ce, n'agiffent que conféquemment aux dé-grés de force des paffions, & des appétits qui nous follicitent. Je parois, par exem-ple, être libre de me tuer, de me jetter par la fenêtre. Point du tout; dès que l'envie de vivre eft plus forte en moi, que celle de mourir, je ne me tuetai jamais. Tel hom-me, direz-vous, eft bien le maître de donner aux Pauvres, à fon indulgent Con-feffeur, cent louis d'or qu'il a dans fa po-che. Il ne l'eft point; l'envie qu'il a de con-ferver fon argent étant plus forte que celle d'obtenir une abfolution inutile de fes pé-chés, il gardera néceffairement fon ar-gent. Enfin chacun peut fe démontrer à foi-même que la raifon ne fert qu'à faire connoître l'homme quel eft le dégré d'envie qu'il a de faire ou d'éviter telle ou telle chofe, combiné avec le plaifir & le déplaifir qui doit lui en revenir. De cette connoiffance acquife par la raifon, il réfulte ce que nous appellons *la volonté & la détermination*. Mais cette volonté & cette détermination font auffi parfaitement foumifes aux dégrés de paffion ou de defir qui nous agitent, qu'un poids de quatre livres, détermine néceffairement le côté d'une balance qui n'a que deux livres à foulever dans fon autre baffin.

Mais me dira un raifonneur qui n'apperçoit que l'écorce: ne fuis-je pas libre de boire à mon dîner une bouteille de vin de Bourgogne ou une de Champagne? Ne fuis-je pas le maître de choifir pour ma promenade la grande allée des Tuilleries, ou la Terraffe des Feuillans?

Je conviens que dans tous les cas où l'ame eft dans une indifférence parfaite fur fa détermination, que dans les circonftances où les defirs de faire telle ou telle chofe font dans une balance égale, dans un jnfte équilibre, nous ne pouvons pas appercevoir ce défaut de liberté: c'eſt un lointain dans lequel nous ne diſcernons plus les objets : mais raprochons les un peu ces objets, nous appercevrons bientôt diſtinctement le méchaniſme des actions de notre vie, & des que nous en connoîtrons une, nous les connoîtrons toutes, puiſque la nature n'agit que par un même principe.

Notre raiſonneur ſe met à table, on lui ſert des huitres: Ce méts le détermine pour le vin de Champagne. Mais, dira-t-on, il étoit libre de choiſir la Bourgogne. Je dis que non : il eſt bien vrai qu'un autre motif, qu'une autre envie plus puiſſante que la premiere, pouvoit le déterminer à boire de ce dernier vin; hé bien, en ce cas cette derniere envie, auroit également contraint ſa prétendue liberté.

Notre même raiſonneur en entrant aux Tuilleries, apperçoit une jolie femme de ſa connoiſſance ſur la Terraſſe des Feuillans; il ſe détermine à la joindre, à moins que quelqu'autre raiſon d'intérêt ou de plai-

plaifir ne le conduife dans la grande allée. Mais qualque côté qu'il choififfe, ce fera toujours une raifon, un defir qui le décidera invinciblement à prendre l'un ou l'autre parti qui contiendra fa volonté.

Pour admettre que l'homme fût libre, il faudroit fuppofer qu'il fe déterminât par lui-même : mais s'il eft déterminé par les dégrés de paffion, dont la nature & les fenfations l'affectent, il n'eft pas libre; un dégré de defir plus ou moins vif le décide auffi invinciblement, qu'un poids de quatre livres en entraîne un de trois.

Je demande encore à mon dialogueur, qu'il me dife qu'eft-ce qui l'empêche de penfer comme moi fur la matiere dont il s'agit ici, & pourquoi je ne peux pas me déterminer à penfer comme lui fur cette même matiere. Il me répondra fans doute que fes idées, fes notions, fes fenfations le contraignent de penfer comme il fait. Mais de cette réflexion qui lui démontre intérieurement qu'il n'eft pas maître d'avoir la volonté de penfer comme moi, ni moi celle de penſer comme lui, il faut bien qu'il convienne que nous ne ſommes pas libres de penſer de telle ou de telle maniere. Or ſi nous ne ſommes pas libres de penſer, comment ſerions nous libres d'agir, puisque la penſée eſt la cauſe, & que l'action n'eſt que l'effet; & peut-il réſulter un effet *libre* d'une cauſe qui n'eſt pas *libre*. Cela implique contradiction.

Pour achever de nous convaincre de cette vérité, aidons-nous du flambeau de l'expérience. Grégoire, Damon & Philinte ſont trois freres, qui ont été élevés par les même maîtres, juſqu'à l'âge de vingt-cinq ans: ils ne ſe ſont jamais quittés: ils ont reçu la même éducation, les mêmes leçons de Morale, de Religion. Cependant Grégoire aime le vin; Damon aime les femmes; Philinte eſt dévot. Qui eſt-ce qui a déterminé les trois différentes volontés de ces trois freres? Ce ne peut-être ni l'acquit, ni la connoiſſance du bien & du mal moral, puiſqu'ils n'ont reçu que les mêmes préceptes par les mêmes maîtres; cha-

cun d'eux avoit donc en lui différens principes, différentes paſſions qui ont décidé
ces diverſes volontés, malgré l'uniformité
des connoiſſances acquiſes. Je dis plus ;
Grégoire qui aimoit le vin, étoit le plus
honnête-homme, le plus ſociable, le meilleur ami lorſqu'il n'avoit pas bu ; mais dès
qu'il avoit goûté de cette liqueur enchan-
tereſſe, il devenoit médiſant, calomniateur,
querelleur, il ſe feroit coupé la gorge par
goût avec ſon meilleur ami. Or, Grégoire
étoit-il maître de ce changement de volonté
qui ſe faiſoit tout-à-coup dans lui ? non certainement, puiſque de ſang froid il détes-
toit les actions qu'il avoit été forcé de commettre dans le vin. Quelques ſots cependant
admiroient l'eſprit de continence dans Grégoire, qui n'aimoit point les femmes ; la
ſobriété de Damon qui n'aimoit point le
vin ; & la piété de Philinte qui n'aimoit ni
les femmes ni le vin, mais qui jouiſſoit du
même plaiſir que les deux premiers par ſon
goût pour la dévotion. C'eſt ainſi que la
plupart des hommes ſont dupes de l'idée

qu'ils ont des vices & des vertus humaines.

Concluons. L'arrangement des organes, les difpofitions des fibres, un certain mouvement, des liqueurs, donnent le genre des paffions, les dégrés de force dont elles nous agitent contraignent la raifon, déterminent la volonté dans les plus petites, comme dans les plus grandes actions de notre vie. C'eft ce qui fait l'homme paffionné, l'homme fage, l'homme fou. Le fou n'eft pas moins libre que les deux premiers, puifqu'il agit par les mêmes principes ; la nature eft uniforme. Suppofer que l'homme eft libre & qu'il fe détermine par lui-même, c'eft le faire égal à Dieu.

Revenons à ce qui me regarde. J'ai dit qu'à vingt-trois ans ma mere me retira prefque mourante du Couvent où j'étois. Toute la machine languiffoit, mon tein étoit jaune, mes lévres livides ; je reffemblois à un fquelette vivant. Enfin la dévotion alloit me rendre homicide de moi-même, lorfque je rentrai dans la maifon de ma mere. Un habile Médecin envoyé

de sa part à mon Couvent, avoit connu
d'abord le principe de ma maladie. Cette
liqueur divine qui nons procure le seul plaisir physique, le seul qui se goûte sans amer-
tume, cette liqueur, dis-je, dont l'écou-
lement est aussi nécessaire à certains tempé-
ramens, que celui qui résulte des alimens
qui nous nourrissent, avoit reflué des vais-
seaux qui lui sont propres, dans d'autres
qui lui étoient étrangers ; ce qui avoit jetté
le désordre dans toute la machine.

On conseilla à ma mere de me chercher
un mari, comme le seul remède qui pût
me sauver la vie. Elle m'en parla avec douceur ; mais infatuée que j'étois de mes préjugés, je lui répondis sans ménagement,
que j'aimois mieux mourir que de déplaire
à Dieu, par un état aussi méprisable, qu'il
ne toléroit que par un effet de sa grande
bonté. Tout ce qu'elle put me dire, ne
m'ébranla point, la nature affoiblie ne me
laissoit aucune espece de désirs pour ce
monde je n'envisageois que le bonheur
qu'on m'avoit promis dans l'autre.

Je continuois donc mes exercices de piété avec toute la ferveur imaginable. On
m'avoit beaucoup parlé du fameux Pere
Dirrag; je voulois le voir, il devint mon
Directeur ; & Mademoiselle Eradice, sa
plus tendre Pénitente, fut bientôt ma
meilleur amie.

Vous connoissez, mon cher Comte, l'histoire de ces deux célebres personnages ;
je n'entreprendrai point de vous répéter
tout ce que le Public en sçait & en a dit ;
mais un trait singulier, dont j'ai été témoins, pourra vous amuser, & servir à
vous convaincre que, s'il est vrai que Ma-
demoiseille Eradice se soit enfin livrée avec
connoissance de cause aux embrassemens de
ce Caffard, il est du moins certain qu'elle
a été longs-temps la dupe de sa sainte lu-
bricité.

Mademoiselle Eradice avoit pris pour
moi l'amitié la plus tendre, elle me con-
fioit ses plus secrettes pensées; la conformité d'humeur, de pratique de piété,
peut-être même de tempéramment, qui

étoit entre nous, nous rendoit inséparables. Toutes deux vertueuses, notre passion dominante étoit d'avoir la réputation d'être saintes, avec une envie démésurée de parvenir à faire des miracles. Cette passion la dominoit si puissamment, qu'elle eût souffert, avec une constance digne des Martyrs, tous les tourmens imaginables, si on lui eût persuadé qu'ils pouvoient lui faire ressusciter un second Lazare : & le P. Dirrag avoit, pardessus tout, le talent de lui faire croire tout ce qu'il vouloit.

Eradice m'avoit dit plusieurs fois, avec une sorte de vanité, que ce Pere ne se communiquoit tout entier qu'à elle seule ; que dans les entretiens particuliers qu'ils avoient souvent ensemble chez elle, il l'avoit assuré qu'elle n'avoit plus que quelque pas à faire pour parvenir à la sainteté ; que Dieu le lui avoit ainsi révélé dans un songe, par lequel il avoit connu clairement qu'elle étoit à la veille d'opérer les plus grands miracles, si elle continuoit de se laisser conduire par les dégrés de vertu & de mortification néceſſaires.

La jalouſie & l'envie ſont de tous les états, celui de Dévote en eſt peut-être le plus ſuſceptible.

Eradice s'apperçut que j'étois jalouſe de ſon bonheur, & que même je paroiſſois ne pas ajoûter foi à ce qu'elle me diſoit. Effeĉtivement je lui témoignai d'autant plus de ſurpriſe de ce qu'elle m'apprenoit, de ſes entretiens particuliers avec le Pere Dirrag, qu'il avoit toujours éludé d'en avoir de ſemblable avec moi, dans la maiſon d'une de ſes Pénitentes mon amie, qui étoit ſtigmatiſée ainſi qu'Eradice. Sans doute que ma triſte figure, & que mon teint jaunâtre n'avoit pas paru au Révérend Pere, être pour lui, un reſtaurent propre à exciter le goût néceſſaire à ſes travaux ſpirituels. J'étois piquée au jeu, point de ſtigmates! point d'entretien particulier pour moi! Mon humeur perça, j'affeĉtai de paroître ne rien croire. Eradice d'un air émû m'offrit de me rendre dès le lendemain matin témoin oculaire de ſon bonheur. Vous verrez, me dit-elle avec feu, quelle eſt la force de mes exercices ſpirituels, & par quels dégrés de pénitence le bon Pere me conduit à devenir une grande ſainte ; & vous ne douterez plus des extâſes, des raviſſement, qui ſont une ſuite de ces mêmes exercices. Que mon exemple, ma chere Théreſe, ajoute-t'elle en ſe radouciſſant, ne peut-il opérer dans vous , pour premier miracle, la force de détacher entierement votre eſprit de la matiere par la grande vertu de la méditation, pour ne le mettre qu'en Dieu ſeul !

Je me rendis le lendemain à cinq heures du matin chez Eradice, comme nous en étions convenu. Je la trouvai en prieres un livre à la main. Le ſaint homme va venir, me dit elle, & Dieu avec lui ; cachez-vous dans ce petit cabinet, d'où vous pourrez entendre & voir juſques où la bonté divine veut bien s'étendre en faveur de ſa vile créature par les ſoins pieux de notre Directeur. Un inſtant après on frappa doucement à la porte. Je me ſauvai dans le cabinet dont Eradice prit la clef. Un trou large comme la main, qui étoit dans la porte de ce cabinet, couverte d'une vieille tapifferie de Bergame très-claire, me laiffoit voir librement la chambre en fon entier, fans rifquer d'être apperçue.

Le bon Pere entra. ,, Bon jour, ma ,, chere fœur en Dieu, lui dit-il! Que le S. ,, Efprit & S. François foient avec vous! ,, Elle voulut fe jetter à fes pieds, mais il ,, la releva & la fit affeoir auprès de lui. Il ,, eft néceffaire, lui dit le faint homme, ,, que je vous répete les principes fur les- ,, quels vous devez vous guider dans toutes ,, les actions de votre vie: mais parlez-moi ,, auparavant de vos ftigmates: celui que ,, vous avez fur la poitrine, eft-il toujours ,, dans le même état? Voyons un peu. Era- ,, dice fe mit d'abord en devoir de décou- ,, vrir fon téton gauche, au-deffous du- ,, quel il étoit. Ah! ma Sœur! Arrêtez, ,, lui dit le Pere, arrêtez: couvrez votre ,, fein avec ce mouchoir (il lui en tendoit ,, un;) de pareilles chofes ne font pas fai- ,, tes pour un membre de notre fociété: il

„ fuffira que je voie la plaie que S. Fran-
„ çois y a imprimée; ah! il fubfifte. Bon
„ dit-il! je fuis content. S. François vous
„ aime toujours; la plaie eft vermeille &
„ pure; j'ai eu foin d'apporter encore avec
„ moi le faint morceau de fon cordon;
„ nous en aurons befoin à la fuite de nos
„ excercices. Je vous ai déja dit, ma fœur,
„ continua-t-il, que je vous diftinguois
„ de toutes mes Pénitentes vos compagnes,
„ parce que je vois que Dieu vous diftin-
„ gue lui-même de fon faint troupeau,
„ comme le Soleil eft diftingué de la Lune
„ & des autres Plantes. C'eft pour cette
„ raifon que je n'ai pas craint de vous ré-
„ véler fes mifteres les plus cachés. Je vous
„ l'ai dit, ma chere fœur, *oubliez-vous &*
„ *laiffez faire.* Dieu ne veut des hommes
„ que le cœur & l'efprit. C'eft en oubliant
„ le corps, qu'on parvient à s'unir à Dieu,
„ à devenir fainte, à opérer des miracles.
„ Je ne puis vous diffimuler, mon petit an-
„ ge, que dans notre dernier exercice, je
„ me fuis apperçu que votre efprit tenoit

„ encore à la chair. Quoi! ne pouvez-
„ vous imiter en partie ces bienheureux
„ Martyrs qui ont été flagellés, tenaillés,
„ rotis, fans fouffrir la moindre douleur;
„ parce que leur imagination étoit telle-
„ ment occupée de la gloire de Dieu, qu'il
„ n'y avoit dans eux aucune particule d'ef-
„ prits qui ne fut employée à cet objet?
„ C'eft un mécanique certain , ma chere
„ fille; nous fentons, & nous n'avons d'i-
„ dées du bien & du mal phyfique, com-
„ me du bien & du mal moral, que par la
„ voie des fens. Dès que nous touchons,
„ que nous entendons, que nous voyons,
„ &c. un objet, des particules d'efprits fe
„ coulent dans les petites cavités des nerfs
„ qui vont en avertir l'ame. Si vous avez
„ affez de ferveur pour raffembler, par la
„ force de la méditation fur l'amour que
„ vous devez à Dieu, toutes les particules
„ d'efprit qui font en vous, en les appli-
„ quant toutes à cet objet, il eft certain
„ qu'il n'en reftera aucune pour avertir
„ l'ame des coups que votre chair recevra;

,, vous ne les fentirez pas. Voyez ce Chas-
,, feur ; l'imagination remplie du plaifir
,, de forcer le gibier qu'il pourfuit, il ne
,, fent ni les ronces, ni les épines, dont il
,, eft déchiré en perçant les foréts. Plus
,, foible que lui, dans une objet mille fois
,, plus intereffant, fentirez-vous de foibles
,, coups de difcipline, fi votre ame eft fer-
,, mement occupée du bonheur qui vous
,, attend? Telle eft la pierre de touche qui
,, nous conduit à faire des miracles ; tel
,, doit être l'état de perfection qui nous
,, unit à Dieu. Nous allons commencer,
,, ma chere fille: rempliffez bien vos de-
,, voirs, & foyez fûre qu'avec l'aide du
,, cordon de faint François, & votre mé-
,, ditation, ce pieux exercice, finira par
,, un torrent de délices inexprimables.
,, Mettez-vous à genoux, mon enfant, &
,, découvrez ces parties de la chair qui font
,, les motifs de colere de Dieu: la morti-
,, fication qu'elles éprouverent, unira in-
,, timement votre efprit à lui. Je vous le
,, répete, *oubliez-vous & laiffez faire.*"

Mademoifelle

Mademoiselle Eradice obéit auſſitôt ſans répliquer. Elle ſe mit à genoux ſur un prié Dieu, un livre devant elle : puis levant ſes juppes & ſa chemiſe juſqu'à la ceinture, elle laiſſa voir deux feſſes blanches comme la neige & d'un ovale parfait, ſoutenues de deux cuiſſes d'une proportion admirable. Levez plus haut votre chemiſe, lui dit-il, elle n'eſt pas bien : là, c'eſt ainſi. Joignez préſentement les mains & élevez votre ame à Dieu : rempliſſez votre eſprit de l'idée du bonheur éternel qui vous eſt promis. Alors le Pere approcha un tabouret ſur lequel il ſe mit à genoux derriere & un peu à côté d'elle. Sous ſa robbe, qu'il releva & qu'il paſſa dans ſa ceinture, étoit une groſſe & longue poignée de verges, qu'il préſenta à baiſer à ſa Pénitente.

Attentive à l'événement de cette ſcène, j'étois remplie d'une ſainte horreur ; je ſentois une ſorte de frémiſſement que je ne puis décrire. Eradice ne diſoit mot. Le Pere parcouroit, avec des yeux pleins de feu,

les fesses qui lui fervoient de perfpective;
& comme il avoit fes regards fixés fur elles, j'entr'ouis qu'il difoit à baffe voix,
d'un ton d'admiration: ah! la belle gorge!
Quel tetons charmans! Puis il fe baiffoit,
fe rélevoit par intervales en marmottant
quelques verfets: rien n'échappoit à fa lu-
bricité. Après quelques minutes, il demanda à fa Pénitente fi fon ame étoit entrée en contemplation? Oui, mon très-Révérend Pere, lui dit-elle: je fens que mon
efprit fe détache de la chair, & je vous
fupplie de commencer le faint œuvre. Cela fuffit, reprit le Pere, votre efprit va être
content. Il récita encore quelques prieres;
& la cérémonie commença par trois coups
de verges qu'il lui appliqua affez légére-
ment fur le derriere. Ces trois coups furent
fuivis d'un verfet qu'il récita, & fucceffivement de trois autres coups de verges un
peu plus forts que les premiers. Après cinq
à fix verfets récités & interrompus par cette forte de diverfion, quelle fut ma furprife, lorfque je vis le Pere Dirrag, dé-

boutonnant fa culotte donner l'efforts à un trait enflammé qui étoit femblable à ce ferpent fatal qui m'avoit attiré les reproches de mon ancien Directeur! Ce monftre avoit acquis la longueur, la groffeur & la fermeté prédite par le Capucin; il me faifoit friffonner. Sa téte rubiconde paroiffoit ménacer les feffes d'Eradice qui étoient devenues du plus bel incarnat, le vifage du Pere étoit tout en feu. Vous devez être préfentement, dit-il, dans l'état le plus parfait de comtemplation: votre ame doit être détachée des fens. Si ma fille ne trompe pas mes faintes efpérances, elle ne voit plus, n'entend plus, ne fent plus. Dans ce moment ce bourreau fit tomber une grèle de coups fur toutes les parties du corps d'Eradice qui étoient à découvert. Cependant elle ne difoit mot, elle fembloit être immobile, infenfible à ces terribles coups; & je ne diftinguois fimplement dans elle qu'un mouvement convulfif de fes deux feffes, qui fe ferroient & fe defferroient à chaque inftant. Je fuis content de vous, lui dit-il, après un quart d'heure de cette cruelle difcipline ; il eſt temps que vous commenciez à jouir du fruit de vos faints travaux, ne m'écoutez pas, ma chere fille, mais laiſſez-vous conduire: proſternez votre face contre terre ; je vais, avec le vénérable cordon de S. François, chaſſer tout ce qui reſte d'impur au-dedans de vous.

Le bon Pere la plaça en effet dans une attitude humiliante à la vérité, mais auſſi la plus commode à ſes deſſeins. Jamais on ne l'a préſenté plus beau ; ſes feſſes étoient entrouvertes, & on découvroit en entier la double route des plaiſirs.

Après un inſtant de comtemplation de la part du Caffard, il humeĉta de ſalive ce qu'il appelloit le *cordon*, & en proférant quelques paroles, d'un ton qui ſentoit l'exorciſme d'un Prêtre qui travaille à chaſſer le Diable du corps d'un Démoniaque, ſa révérence commença ſon intromiſſion.

J'étois placée de maniere à ne pas perdre la moindre circonſtance de cette ſcène ;

les fenêtres de la chambre, où elle fe paffoit, faifoient face à la porte du cabinet
dans lequel j'étois renfermée. Eradice venoit d'être placée à genoux fur le plancher,
les bras croifés fur le marche-pied de fon
prié-Dieu, & la tête appuyée fur fes bras :
fa chemife foigneufement rélevée jufqu'à
la ceinture, me laiffoit voir à demi profil,
des feffes & une chûte de reins admirables.
Cette luxurieufe perfpective fixoit l'attention du très-Révérend Pere, qui s'étoit mis
lui-même à genoux, les jambes de fa Pénitente placées entre les fiennes, fes culottes baffes, fon terrible cordon à la main,
marmottant quelques mots mal articulés.
Il refta pendant quelques inftans dans cette
édifiante attitude, parcourant l'autel avec
des regards enflammés, & paroiffant in-
décis fur la nature du facrifice qu'il alloit
offrir. Deux embouchures fe préfentoient,
il les devoroit des yeux, embarraffé fur
le choix : l'une étoit un friand morceau
pour un homme de fa Robbe ; mais il
avoit promis du plaifir, de l'extâfe à fa

Pénitente ; comment faire ? Il ofa diriger
plufieurs fois la tête de fon inftrument fur
la porte favorite à laquelle il heurtoit légé-
rement : mais enfin la prudence l'emporta
fur le goût.   Je lui dois cette juftice, je
vis diftinctement le rubicon Priape de fa
Révérence enfiler la route canonique , a-
près en avoir entr'ouvert délicatement les
lévres vermeilles avec le pouce & l'index
de chaque main.   Ce travail fut d'abord
entamé par trois vigoureufes fecouffes ,
qui en firent entrer près de moitié : alors
tout-à-coup la tranquillité apparente du
Pere fe changea en une efpèce de fureur.
Quelle phyfionomie ! ha, Dieu ! Figurez-
vous un fatyre les lévres chargées d'écume, la bouche béante, grinçant par fois
les dents, foufflant comme un taureau qui
mugit ; fes narines étoient enflées & agitées ; foutenoit fes mains élevées à quatre
doigt de la crouppe d'Eradice , fur laquelle on voyoit qu'il n'ofoit les appli-
quer pour y prendre un point d'appui ;
fes doigts écartés étoient en convulfion &

se formoient en patte de chapon rôti.
Sa tête étoit baissée; & ses yeux étincelans restoient fixés sur le travail de la cheville ouvriere, dont il compassoit les allées
& les venues, de maniere que, dans le
mouvement de rétroaction, elle ne sortit
pas de son foureau, & que dans celui d'impulsion son ventre n'appuya par aux fesses
de la Pénitente, laquelle par réflexion auroit pû deviner où tenoit le prétendu
cordon. Quelle présence d'esprit! je vis
qu'environ la longueur d'un traver de pouce du saint instrument fut constamment
réservée au dehors & n'eut point de part à
la fête. Je vis qu'à chaque mouvement que
le croupion du Pere faisoit en arriere, par
lequel le cordon se retiroit de son gîte jusqu'à la tête, les lévres de la partie d'Eradice s'entrouvraient & paroissoient d'un incarnat si vif, qu'elles charmoient la vue.
Je vis que, lorsque le Pere, par un mouvement opposé, poussois en avant, ces
mêmes lévres, dont on ne voyoit plus alors
que le petit poil noir qui les couvroit, ser

roient si exactement la fléche qui y sembloit comme engloutie, qu'il eût été difficile de deviner auquel des deux Acteurs appartenoit cette cheville, par laquelle ils paroisroissent l'un & l'autre égallement attachés.

Quelle mécanique! Quel spectacle, mon cher Comte, pour une fille de mon âge, qui n'avoit aucune connoissance de ce genre de mystere! Que d'idées différentes me passerent dans l'esprit, sans pouvoir me fixer à aucune! Il me souvient seulement que vingt fois je fus sur le point de m'aller jetter aux genoux de ce célebre Directeur, pour le conjurer de me traiter comme mon amie. Etoit-ce mouvement de dévotion? Etoit-ce mouvement de concupiscence? C'est ce qu'il m'est encore impossible de pouvoir bien démêler.

Revenons à nos Acolytes. Les mouvemens du Pere s'accélérerent; il avoit peine à garder l'équilibre. Sa posture étoit telle, qu'il formoit à peu près, de la tête aux genoux, une *S* dont le ventre alloit & venoit horisontalement aux fesses d'Eradice. La partie de celle-ci, qui servoit de canal à la cheville ouvriere, dirigeoit tout le travail; & deux énormes verrues, qui pendoient entre les cuisses de sa Révérence, sembloient en être comme les témoins. Votre esprit est-il content, ma petite sainte, dit-il en poussant une forte de soupir? Pour moi, je vois les Cieux ouverts, la grace suffisante me transporte: je .... Ah! mon Pere, s'écria Eradice! Quel plaisir m'éguillonne! Oui, je jouis du bonheur céleste; je sens que mon esprit est entièrement détaché de la matiere: chassez, mon Pere, chassez tout ce qui reste d'impur dans moi. Je vois .... les... An... ges; poussez plus avant.... poussez donc .... Ah! ... Ah! ... bon ... S. François! ne m'abandonnez pas ; je sens le cor .... le cor ... le cordon ... je n'en puis plus... je me meurs.

Le Pere, qui sentoit également les approches du souverain plaisir, begayoit, poussoit, souffloit, haletoit. Enfin, les dernieres paroles d'Eradice furent le signal de fa retraite: & je vis le fier ferpent devenu humble, rempant, fortir couvert d'écume de fon étui.   -

Tout fut promptement remis dans fa place, & le Pere, en laiffant tomber fa robe, gagna à pas chancelans le prié-Dieu qu'Eradice avoit quitté. Là, feignant de fe mettre en oraifon, il ordonna à fa Pénitente de fe lever, de fe couvrir, puis de venir fe joindre à lui, pour remercier le Seigneur des faveurs qu'elle venoit d'en recevoir.

Que vous dirai-je enfin, mon cher Comte? Dirrag fortit; & Eradice, qui m'ouvrit la porte du cabinet, me fauta au cou en m'abordant. Ah! ma chere Thérefe, me dit-elle, prends part à ma félicite: oui, j'ai vû le Paradis ouvert, j'ai participé au bonheur des Anges. Que de plaifirs, mon amie, pour un moment de peines! Par la vertu du faint cordon, mon ame étoit prefque détachée de la matiere. Tu as pu voir par où notre bon Directeur l'a introduit dans moi. Eh bien! je t'affure que je l'ai fenti pénétrer jufques à mon cœur, un dégré de ferveur de plus, n'en doute point, je paffois à jamais dans le féjour des Bienheureux.

Eradice me tint mille autres difcours avec un ton, avec une vivacité, qui ne purent me laiffer douter de la réalité du bonheur fuprême dont elle avoit joui. J'étois fi émue, qu'à peine lui répondis-je pour la féliciter; mon cœur étant dans la plus vive agitation, je l'embraffai & je fortis.

Que de réflexions fur l'abus qui fe fait des chofes les plus refpeétables établies dans la fociété! Avec quel art ce Pénaillon conduit fa Pénitente à fes fins impudiques! Il lui échauffe l'imagination fur l'envie d'être fainte; il lui perfuade qu'on n'y parvient qu'en détachant l'efprit de la chair. De là il la conduit à la néceffité d'en faire l'épreuve par une vigoureufe difcipline: cérémonie qui étoit fans doute un reftaurant du goût du Caffard, propre à reveiller l'élafticité ufée de fon nerf éreéteur. ,, Vous

„ ne devez rien fentir, lui dit-il, rien voir,
„ rien entendre, fi votre contemplation eft
„ parfaite." Par ce moyen il s'affure qu'elle ne tournera pas la tête, qu'elle ne verra
rien de fon impudicité. Les coups de fouet
qu'il lui applique fur les feffes, attirent les
efprits dans le quartier qu'il doit attaquer;
ils l'échauffent; & enfin la reffource qu'il
s'eft préparée par le cordon de S. François,
qui par fon intromiffion doit chaffer tout
ce qui refte d'impur dans le corps de fa Pénitente, le fait jouir fans crainte des faveurs de fa docile Profélite; elle croit tomber dans un extâfe divin, purement fpiri-
tuel, lorfqu'elle jouit des plaifirs de la
chair les plus voluptueux.

Toute l'Europe à fçu l'avanture du Pere
Dirrag & de Mademoifelle Eradice; tout
le monde en a raifonné; mais peu de perfonnes ont connu réellement le fond de cette hiftoire qui étoit devenue une affaire
de parti entre les M... & les J.... je ne
répéterai point ici ce qui en a été dit; toutes les procédures vous font connues, vous

avez vû les *Factum*, les écrits qui ont paru de part & d'autre, & vous fçavez qu'elle en a été la fuite. Voici le peu que j'en fçai par moi-même, au-delà du fait dont je viens de vous rendre compte.

Mademoifelle Eradice eft à peu près de mon âge. Elle eft née à Volnot, fille d'un Marchand auprès duquel ma mere fe logea lorfqu'elle alla s'établir dans cette Ville. Sa taille bien prife ; fa peau d'une beauté finguliére, blanche à ravir ; fes cheveux noirs comme jeai ; de très-beaux yeux ; un air de Vierge. Nous avons été amis dans l'enfance ; mais lorfque je fut mife au Couvent, je la perdis de vue. Sa paffion dominante étoit de fe diftinguer de fes compagnes, de faire parler d'elle. Cette paffion, jointe à un grand fond de tendreffe, lui fit choifir le parti de la dévotion comme le plus propre à fon projet. Elle aima Dieu comme on aime fon amant. Dans le temps que je la retrouvai, Pénitente du Pere Dirrag elle ne parloit que de méditation, de contemplation, d'orai-

fons; c'étoit alors le ſtyle de la gent miſti-
que de la Ville, & même de la Province.
Ses maniéres modeſtes lui avoient acquis
depuis long-temps la réputation d'une haute
vertu.   Eradice avoit de l'eſprit; mais elle
ne l'appliquoit qu'à parvenir à ſatisfaire
l'envie démeſuréé qu'elle avoit de faire des
miracles; tout ce qui flattoit cette paſſion,
devenoit pour elle une vérité inconteſta-
ble.   Tels ſont les foibles humains: la paſſion dominante dont chacun d'eux eſt affecté, abſorbe toujours toutes les autres:
ils n'agiſſent qu'en conſéquence dé cette
paſſion ; elle leur empêche d'appercevoir
les motions les plus claires qui devroient
ſervir à la détruire.

Le Pere Dirrag étoit né à Lôde.   Lors
de ſon avanture il avoit environ cinquante-
trois ans ; ſon viſage étoit tel que celui que
nos Peintres donnent aux Satyres.   Quoiqu'exceſſivement lait , il avoit quelque
choſe de ſpirituel dans la phyſionomie.   La
paillardiſe, l'impudicité étoient peintes dans
ſes yeux : dans ſes actions il ne parois-

foit occupé que du falut des ames & de la gloire de Dieu.   Il avoit beaucoup de ta-lens pour la chaire, fes exhortations, fes difcours étoient pleins de douceur, d'onc-tion.   Il avoit l'art de perfuader.   Né avec beaucoup d'efprit, il l'employoit tout en-tier à acquérir la réputation de *convertif-feur*; & en effet un nombre confidérable de femmes & de filles du monde ont embraffé le parti de la pénitence fous fa direction.

On voit que la reffemblance des caracte-res & des vûes de ce Pere & de Mademoi-felle Eradice fuffifoit pour les unir.   Auffi dès que le premier parut à Volnot où fa ré-putation étoit déja parvenue avant lui, Eradice fe jetta, pour ainfi dire dans fes bras.   A peine fe connurent-ils qu'ils fe re-garderent mutuellement comme des fujets propres à augmenter leur gloire récipro-què.   Eradice étoit certainement d'abord dans la bonne foi; mais Dirrag fçavoit à quoi s'en tenir: l'aimable figure de fa nou-velle Pénitente l'avoit féduit; & il entrevit qu'il féduiroit à fon tour & tromperoit facilement un cœur fléxible , tendre , rempli de préjugés , un efprit qui reçevoir avec la docilité & la perfuafion la plus entiere , le ridicule des infinuations & des exhortations miftiques. Delà il forma fon plan tel que je l'ai peint plus haut. Les premieres branches de ce plan lui affuroient bien de l'amufement voluptuex de la fuftigation , & il y avoit quelque-temps que le bon Pere en ufoit avec quelqu'autres de fes Pénitentes : c'étoit jufqu'alors à quoi s'étoient bornés fes plaifirs libidineux avec elles , mais la fermeté , le contour , la blancheur des feffes d'Eradice avoient tellement échauffé fon imagination , qu'il réfolut de franchir le pas. Les grands hommes percent à travers les plus grands obftacles : celui-ci imagina donc l'introduction d'un morceau du cordon de S. François , rélique qui par fon intromiffion devoit chaffer tout ce qui refteroit d'impur & de charnel dans fa Pénitente , & la conduire à l'extâfe. Ce fut alors qu'il imagina les ftigmates imités de ceux de S. François. Il fit venir

fecrétement à Volnot une de fes anciennes pénitentes qui avoit toute fa confiance, & qui rempliſſoit ci-devant avec connoiſſance de cauſe, les fonctions qu'il destinoit intérieurement à Eradice. Il trouvoit celle-ci trop jeune & trop enthouſiasmée de l'envie de faire des miracles pour
avanturer de la rendre dépoſitaire de fon
fecret.

La vieille pénitente arriva & fit bientôt
connoiſſance de dévotion avec Eradice, à
qui elle tacha d'en inſinuer une particuliere pour S. François fon patron. On
compofa une eau qui devoit opérer des
plaies imitées des ſtigmates ; & le jeudi
Saint, fous le prétexte de la Cêne, la vieille pénitente lava les pieds d'Eradice, & y
appliqua de cette eau, qui fit fon effet.

Eradice confia deux jours après à la vieille, qu'elle avoit une bleſſure fur chaque
pied. Quel bonheur ! Qu'elle gloire pour
vous, s'écria celle-ci ! S. François vous
a communiqué fes ſtigmates : Dieu veut
faire de vous la plus grande fainte. Vo-

yons fi, comme votre grand Patron, votre côté ne fera pas auffi ftigmatifé. Elle porta de fuite la main fous le teton gauche d'Eradice, où elle appliqua pareillement de fon eau : le lendemain nouveau ftigmate.

Eradice ne manqua pas de parler de ce miracle à fon Directeur, qui craignant l'éclat, lui recommanda l'humilité & le fecret. Ce fut inutilement ; la paffion dominante de celle-ci étant la vanité de paroître fainte, fa joie perça : elle fit des confidences ; fes ftimagtes firent du bruit, & toutes les Pénitentes du Pere voulurent être ftigmatifées.

Dirrag fentit qu'il étoit néceffaire de foutenir fa réputation, mais en même-temps de tacher de faire une diverfion qui empêchat les yeux du Public de refter fixés fur la feule Eradice. Quelques autres Pénitentes furent donc auffi ftigmatifées, par les mêmes moyens : tout réuffi.

Eradice cependant fe voua à S. François ; fon Directeur l'affura qu'il avoit lui-même la plus grande confiance en fon intercesfion : il ajouta qu'il avoit opéré nombre de miracles par le moyen d'un grand morceau du cordon de ce Saint, qu'un Pere de la Société lui avoit rapporté de Rome, & qu'il avoit chaffé, par la vertu de cette rélique, le Diable du corps de plufieurs Démoniaques, en l'introduifant dans leur bouche, ou dans quelqu'autre conduit de la nature, fuivant l'exigence des cas. Il lui montra enfin ce prétendu cordon, qui n'étoit autre chofe qu'un affez gros morceau de corde de huit pouce de longueur, enduit d'un maftic qui le rendoit dur & uni. Il étoit recouvert proprement d'un étui de velours cramoifi, qui lui fervoit de fourreau ; en un mot, c'étoit un de ces meubles de Religieufes que l'on nomme *Godemichis.* Sans doute que Dirrag tenoit ce préfent de quelque vieille Abbeffe, de qui il l'avoit exigé. Quoiqu'il en foit, Eradice eut bien de la peine d'obtenir la permiffion de baifer humblement cette rélique, que le Pere affuroit ne pouvoit être touchée fans crime par des mains profânes.

Ce fut ainſi, mon cher Comte, que le Pere Dirrag conduiſit par dégrés ſa nouvelle Pénitente à ſouffrir pendant pluſieurs mois ſes impudiques embraſſemens, lorsqu'elle ne croyoit jouir que d'un bonheur purement ſpirituel & céleſte.

C'eſt d'elle que j'ai ſçu toutes les circonſtances, quelque temps après le jugement de ſon procès. Elle me confia que ce fut un certain Moine (qui a joué un grand rôle dans cette affaire) qui lui deſſila les yeux. Il étoit jeune, beau, bien fait, paſſionnément amoureux d'elle, ami de ſon pere & de ſa mere, chez qui ils mangeoient ſouvent enſemble. Il s'attira ſa confiance; il démaſqua l'impudique Dirrag; & je compris ſenſiblement, à travers de tout ce qu'elle me dit, qu'elle ſe livra alors de bonne foi aux embraſſemens du luxurieux Moine : j'entrevis même que celui-ci n'avoit pas démenti la réputation de ſon Ordre, & par une heureuſe conformation, comme par des leçons redoublées, il dédommagea amplement ſa nouvelle Proſélite du

sacrifice qu'elle lui fit des supercheries heb-
domadaires de son vieux Druide.

Dès qu'Eradice eut reconnu l'illusion du
feint cordon de Dirrag par l'application
amiable du membre naturel du Moine,
l'élégance de cette démonstration lui fit sen-
tir qu'elle avoit été grossierement dupée.
Sa vanité se trouva blessée, & la vengeance la porta à tous les excès que vous avez
connu, de concert avec le fier Moine qui,
outre l'esprit de parti qui l'animoit, étoit
encore jaloux des faveurs que Dirrag avoit
surprises à son amante. Ses charmes étoient
un bien qu'il croyoit créé pour lui seul ;
c'étoit un vol manifeste qu'il prétendoit lui
avoir été fait, dont il se flattoit d'obtenir
une punition exemplaire ; la grillade seule
de son rival, qu'il méditoit, pouvoit assouvir son ressentiment & sa vengeance.

J'ai dit que lorsque le Pere Dirrag fut
sorti de la chambre de Mademoiselle Eradice, je me retirai chez moi. Dès que je
fus rentrée dans ma chambre, je me pros-
ternai à genoux pour demander à Dieu la

grace d'être traitée comme mon amie. Mon esprit étoit dans une agitation qui approchoit de la fureur, un feu intérieur me dévoroit. Tantôt assise, tantôt debout, souvent à genoux, je ne trouvois aucune place qui pût me fixer. Je me jettai sur mon lit. L'entrée de ce membre rubicon dans la partie de Mademoiselle Eradice, ne pouvoit sortir de mon imagination, sans que j'y attachasse cependant aucune idée distincte de plaisir, & encore moins de crime. Je tombai enfin dans une rêverie profonde, pendant laquelle il me sembla que ce même membre, détaché de toute autre objet, faisoit son entrée dans moi par la même voie. Machinalement je me plaçai dans la même attitude que celle où j'avois vûe Eradice, & machinalement encore, dans l'agitation qui me faisoit mouvoir, je me coulai sur le ventre jusqu'à la colonne du pied du lit, laquelle se trouvant passée entre mes jambes & mes cuisses, m'arrêta, & servit de point d'appui à la partie où je sentois une demangeaison inconcevable. Le coup qu'elle reçut par la colonne qui la fixa, me causa une legere douleur, qui me tira de ma rêverie sans diminuer l'excès de la demangeaison. La position où j'étois exigeoit que je levaſſe mon derriere pour tâcher d'en ſortir; de ce mouvement que je fis, en remontant & coulant ma *moniche* le long de la colonne, il réſulta un frottement qui me causa un chatouillement extraordinaire. Je fis un ſecond mouvement, puis un troiſiéme, &c. qui eurent une augmentation de ſuccès : tout-à-coup j'entrai dans un redoublement de fureur. Sans quitter ma ſituation, ſans faire aucune eſpece de réflexion, je me mis à remuer le derriere avec une agilité incroyable, gliſſant toujours le long de la ſalutaire colonne. Bientôt un excès de plaiſir me tranſporta, je perdis connoiſſance, je me pâmai & m'endormis d'un profond ſommeil.

Au bout de deux heures je m'éveillai, toujours ma chere colonne entre mes cuiſſes, couchée ſur mon ventre, mes feſſes découvertes. Cette posture me surprit; je ne me souvenois de ce qui s'étoit passé que comme on se rappelle le tableau d'un songe. Cependant me trouvant plus tranquille, l'évacuation de la céleste rosée me laissant l'esprit plus libre, je fis quelques réflexions sur tout ce que j'avois vû chez Eradice, & sur ce qui venoit de se passer dans moi, sans en pouvoir tirer aucune conclusion raisonnable. La partie qui avoit frotté le long de la colonne, ainsi que l'intérieur du haut de mes cuisses qui l'avoit embrassée, me faisoient un mal cruel: j'osai y regarder malgré les défenses qui m'avoient été faites par mon ancien directeur du Couvent; mais jamais je n'osai me déterminer à y porter la main, cela m'avoit été trop expressément interdit.

Comme je finissois cet examen, la servante de ma mere vint m'avertir que Madame C . . . & Monsieur l'Abbé T . . . étoient au logis, où ils devoient diner, & que ma mere m'ordonnoit de descendre pour leur faire compagnie: je les joignis.

Il y avoit quelque temps que je n'avois vû Madame C... Quoiqu'elle eût bien des bontés pour ma mere à qui elle avoit rendu de grands fervices, & qu'elle eût la réputation d'une femme très-pieufe, fon éloignement marqué pour les maximes du Pere Dirrag, pour fes exhortations mifti-ques, m'avoient fait ceffer de la fréquen-ter, afin de ne pas déplaire à mon Direc-teur: il n'étoit pas traitable fur l'article, & ne vouloit point que fon troupeau fe confondît avec celui des autres Directeurs fes concurrens; il craignoit fans doute les confidences, les éclairciffemens: enfin c'é-toit une condition préalable très-recom-mandée par fa Révérence, & très-exacte-ment obfervée par tout ce qui formoit fon troupeau.

Cependant nous nous mîmes à table. Le dîner fut gai. Je me fentois beaucoup mieux que de coutume: ma langueur a-voit fait place à la vivacité: plus de maux de reins, je me trouvois toute autre. Con-tre l'ordinaire des repas de Prêtres & de

Dévotes, on ne médit point de son prochain à celui-ci. L'Abbé T... qui a beaucoup d'esprit & encore plus d'acquis, nous
fit mille jolis petits contes, qui sans inte-
resser la réputation de personne, porte-
rent la joie dans le cœur des convives.

Après avoir bû du Champagne & pris
le caffé, ma mere me tire en particulier
pour me faire de vifs reproches sur le peu
d'attention que j'avois eue depuis quelque
tems à cultiver l'amitié & les bonnes graces de Madame C... C'est une Dame aimable, me dit-elle, à qui je dois le peu de
considération dont je jouis dans cette Ville: Sa vertu, son esprit, ses lumieres, la
font estimer & respecter de toutes les personnes qui la connoissent: nous avons besoin de son appui; je desire & je vous or-
donne, ma fille, de contribuer de tous
vos efforts à l'engager de nous le conserver.
Je répondis à ma mere qu'elle ne devoit
pas douter de ma soumission aveugle à ses
volontés. Hélas! la pauvre femme ne soupçonnoit gueres la nature des leçons que je

devois recevoir de cette Dame, qui jouis-
foit en effet de la plus haute réputation.

Nous rejoignimes, ma mere & moi, la
compagnie. Un inftant après je m'appro-
chai de Madame C . . . à qui je fis mes ex-
cufes fur mon peu d'exactitude à lui rendre
mes devoirs; je la priai de me permettre
de réparer cette faute : j'effayai même
d'entrer dans le détail des raifons qui me
l'avaient fait commettre : mais Madame
C . . . m'interrompit, fans me permettre
d'achever. Je fçai, me dit-elle avec bonté, tout ce que vous voulez me dire, n'entrons pas en matiere fur des fujets qui ne
font point de notre reffort : chacun croit
avoir fes raifons, peut-être font elles toutes
bonnes ; ce qui eft certain, c'eft que je
vous verrai toujours avec grand plaifir; &
pour commencer à vous en convaincre, a-
jouta-t-elle en élevant la voix, je vous em-
mene fouper ce foit avec moi: vous le voulez bien, dit-elle à ma mere? à condition
que vous ferez de la partie avec Monfieur
l'Abbé: vous avez l'une & l'autre vos affai-

res, nous vous y laisseront vacquer. Pour moi je vais me promener avec Mademoiselle Thérese ; vous sçavez l'heure & le lieu du rendez-vous. Ma mere fut enchantée ; les maximes du Pere Dirrag n'étoient point du tout de son goût : elle se flatta que les conseils de Madame C... changeroient mes dispositions pour le Quiétisme dont on le soupçonnoit ; peut-être même agissoient-elles de concert Quoi qu'il en soit, elles réussirent bientôt au-delà de leurs espérances.

Nous sortîmes donc Madame C... & moi. Mais je n'eus pas fait cent pas, que la douleur que je ressentois devint si vive, que j'avois peine à me soutenir. Je faisois des contorsions horribles, Madame C... s'en apperçut. Qu'avez-vous, me dit-elle, ma chere Thérese ? Il semble que vous vous trouviez mal. J'eus beau dire que ce n'étoit rien ; les femmes sont naturellement curieuses, elle me fit mille questions, qui me jetterent dans un embarras qui ne lui échappa point. Seriez-vous, me dit-elle, du nombre de nos fameufes ftigmatifées ? Vos pieds ont peine à vous porter, & vous êtes toute décontenancée. Venez, mon enfant, dans mon jardin où vous pourrez vous tranquilifer: nous en étions peu éloignées. Dès que nous y fûmes rendues, nous nous affimes dans un petit cabinet charmant, qui eft fur le bord de la mer.

Après quelques difcours vagues, Madame C... me demanda de nouveau, fi effectivement j'avois des ftigmates & comme je me trouvois de la direction du Pere Dirrag. Je ne puis vous cacher, ajouta-t-elle, que je fuis fi étonnée de ce genre de miracle, que je defire ardamment de voir par moi-même s'il exifte en effet: allons, ma chere petite, dit-elle, ne me cachez rien: expliquez-moi de quelle maniere & quand ces plaies ont parû: vous devez être affurée que je n'abuferai pas de votre confiance ; & je penfe que vous me connoiffez affez pour n'en pas douter.

Si les femmes font curieufes, les femmes aiment auffi à parler: j'avois un peu ce dernier défaut ; d'ailleurs quelques verres de

vin de Champagne m'avoient échauffé la
tête, je souffrois beoucoup, il n'en falloit
pas tant pour me déterminer à tout dire.
Je répondis d'abord tout naturellement à
Madame C ... que je n'avois pas le bonheur d'être du nombre de ces Elues du
Seigneur, mais que ce même matin j'avois
vû les stigmates de Mademoiselle Eradice,
& que le très - Révérend Pere Dirrag les
avoit visité en ma présence. Nouvelles
questions empressées de la part de Madame
C ... qui de fil en éguille, qui de circonstances en circonstances, m'engagea
insensiblement à lui rendre compte, non
seulement de ce que j'avois vû chez Eradice, mais encore de ce qui m'étoit arrivé
dans ma chambre, & des douleurs qui en
résultoient.

Pendant tout ce narré singulier, Madame C ... eut la prudence de ne pas té-
moigner la moindre surprise : elle louoit
tout, pour m'engager à tout dire. Lors
que je me trouvois embarassée sur les termes qui me manquoient pour expliquer

les idées de ce que j'avois vû, elle exigeoit de moi des defcriptions, dont la lafciveté devoit beaucoup la réjouir dans la bouche d'une fille de mon âge & auffi fimple que je l'étois. Jamais peut-être tant d'infamies n'ont été dites & ouies avec autant de gravité.

Dès que j'eus fini de parler Madame C... parut plongée dans de férieufes réflexions; elle ne répondit que par monofyllables à quelques queftions que je lui propofai. Revenue à elle-même, elle me dit que tout ce qu'elle venoit d'entendre, avoit quelque chofe de bien fingulier, qui méritoit beaucoup d'attention; qu'en attendant qu'elle pût m'apprendre ce qu'elle en penfoit & quel étoit le parti qu'il convenoit que je priffe, je devois d'abord fonger à foulager la douleur que je reffentois, en baffinant avec du vin chaud les parties qui avoient été meurtries par le frottement de la colonne de mon lit. Gardez-vous bien, me dit-elle, ma chere enfant, de rien dire à votre mere ni à qui que ce puiffe être,

& encore moins au Pere Dirrag, de ce que vous venez de me confier. Il y a dans tout ceci du bien & du mal. Rendez-vous chez moi demain vers les neuf heures du matin; je vous en dirai davantage ; comptez fur mon amitié, l'excellence de votre cœur & de votre caractere vous l'ont entierement acquife. Je vois votre mere qui s'a-vance ; allons au devant d'elle, & parlons de toute autre chofe.

Monfieur l'Abbé T... entra un quart d'heure après. On foupe de bonne heure en province, il étoit alors fept heures & demie, on fervit, nous nous mîmes à tables.

Pendant le fouper Madame C.... ne put s'empêcher de lâcher quelques traits fatiriques fur le Pere Dirrag : l'Abbé en parut furpris, il l'en blâma avec délicatesfe. Pourquoi, pourfuivit-il, ne pas laiffer ténir à chacun la conduite qu'il lui convient, pourvû qu'elle n'ait rien de contraire à l'ordre établi? Jufques à préfent nous ne voyons rien du Pere Dirrag qui s'en éloigne ! permettez-moi donc Madame, de n'être pas de votre avis, jufqu'à ce que des événemens juftifient les idées que vous voulez me donner de ce Pere. Madame C... pour ne pas être obligée de répondre, changea adroitement le fûjet de la converfation. On quitta table vers les dix heures : Madame C... dit quelque chofe à l'oreille à Monfieur l'Abbé, qui fortit avec ma mere & moi, & nous reconduifit chez nous.

Comme il eft jufte, mon cher Comte, que vous fçachiez ce que c'eft que Madame C... & Monfieur l'Abbé T... je penfe qu'il eft temps de vous en donner une idée.

Madame C... eft née Demoifelle. Ses parens l'avoient contrainte d'époufer à quinze ans un vieil Officier de Marine, qui en avoit foixante. Celui-ci mourut cinq ans après fon mariage, & laiffa Madame C... enceinte d'un garçon, qui en venant au monde faillit à faire perdre la vie à celle qui lui donnoit le jour. Cet enfant mourut au bout de trois mois, & Madame C... fe trouva, par cette mort, héritiere d'un bien affez confidérable. Veuve, jolie, maîtreffe d'elle-même à l'âge de vingt ans, elle fut bientôt recherchée de tous les é-poufeurs de la Province; mais elle s'expliqua fi pofitivement fur le deffein où elle étoit de ne jamais courir les rifques dont elle avoit échappé comme miraculeufe-ment, en mettant au monde fon premier enfant, que même les plus empreffés a-bandonnerent la partie.

Madame C... avoit beaucoup d'efprit; elle étoit ferme dans fes fentimens, qu'elle n'adoptoit qu'àprès les avoir murement exa-minés. Elle lifoit beaucoup, & aimoit à s'entretenir fur les matieres les plus abftrai-tes. Sa conduite étoit fans reproches. A-mie effentielle, elle rendoit fervice dès qu'elle le pouvoit. Ma mere en avoit fait d'utiles expériences. Elle avoit alors vingt-fix ans, j'aurai occafion par la fuite de vous faire le portrait de fa perfonne.

Monfieur l'Abbé T... ami particulier & en même-temps Directeur de confcience de Madame C... étoit un homme d'un vrai mérite. Il étoit âgé de quarante-quatre

tre à quarante - cinq ans : petit, mais bien fait : une phifionomie ouverte, fpirituelle : foigneux obfervateur des bienféances de fon état : aimé & recherché de la bonne compagnie, dont il faifoit les délices. A beaucoup d'efprit il joignit des connoiffances étandues. Ses bonnes qualités généralement reconnues lui avoient fait obtenir le pofte qu'il rempliffoit, & que je dois taire ici. Il étoit le Conffeffeur & l'ami des gens de mérite de l'un & de l'autre fexe, comme le Pere Dirrag l'étoit des Dévotes de profeffion, des Enthoufiaftes, des Quiétiftes & des Fanatiques.

Je retournai le lendemain matin chez Madame C . . . à l'heure convenue. Eh bien! ma chere Thérefe, me dit - elle en entrant, comment vont vos pauvres petites parties affligées? Avez - vous bien dormi? Tout fe porte mieux, Madame, lui dis-je, j'ai fait ce que vous m'avez prefcrit. Tout a été bien baffiné; cela m'a foulagée; mais j'efpere au moins de n'avoir pas offenfé Dieu. Madame C . . . fourit; &

après m'avoir fait prendre du caffé, ce que vous m'avez confié hier, me dit-elle, est de plus grande conséquence que vous ne pensez. J'ai cru devoir en parler à Monsieur T... qui vous attend actuellement à son Confessionnal. J'exige de vous que vous alliez le trouver, & que vous lui répétiez mot à mot tout ce que vous m'avez dit. C'est un honnête homme & de bon conseil, vous en avez besoin. Je pense qu'il vous prescrira une nouvelle façon de vous conduire, qui est nécessaire à votre salut & à votre santé. Votre mere mourroit de chagrin, si elle apprenoit ce que je sçai; car je ne puis vous cacher qu'il y a des horreurs dans ce que vous avez vû chez Mademoiselle Eradice. Allez, Thérese, partez & donnez une confiance entiere à Monsieur T... vous n'aurez pas lieu de vous en repentir.

Je me mis à pleurer, & je sortis toute tremblante pour aller trouver Monsieur T... qui entra dans son Confessionnal dès qu'il m'apperçut.

Je ne cachai rien à Monfieur T... qui m'écouta attentivement jufqu'au bout, fans m'interrompre que pour me demander de certaines explications fur les détails qu'il ne comprenoit pas. Vous venez, me dit-il, de m'apprendre des chofes étonnantes. Le Pere Dirrag eft un fourbe, un malheureux, qui fe laiffe emporter à la force de fes paffions ; il marche à fa perte & il entraînera celle de Mademoifelle Eradice : n'éanmoins, Mademoifelle, il faut les plaindre plutôt que de les blâmer. Nous ne fommes pas toujours maîtres de réfifter à la tentation ; le bonheur & le malheur de notre vie fe décide fouvent par les occafions. Soyez douc attentive à les éviter : ceffez de voir le Pere Dirrag & toutes fes Pénitentes, fans parler mal des uns ni des autres ; la charité le veut ainfi. Fréquentez Madame de C... elle a pris de l'amitié pour vous ; elle ne vous donnera que de bons confeils & de bons exemples à fuivre.

Parlons préfentement, mon enfant, de ces chatouillemens exceffifs que vous fen-

tez souvent dans cette partie qui a frotté à
la colonne de votre lit, ce sont des besoins
de tempéramment aussi naturels que ceux
de la faim & de la soif : il ne faut ni les re-
chercher, ni les exciter ; mais dès que vous
vous en sentirez vivement pressée, il n'y a
nul inconvenient à vous servir de votre
main, de votre doigt, pour soulager cette
partie par le frottement qui lui est alors
nécessaire.   Je vous défends cependant ex-
pressement d'introduire votre doigt dans
l'intérieur de l'ouverture qui s'y trouve ; il
suffit, quant à présent, que vous sçachiez
que cela pourroit vous faire tort un jour
dans l'esprit du mari que vous épouserez.
Au reste, comme ceci, je vous le répéte,
est un besoin que les loix immuables de la
nature excitent en nous, c'est aussi des
mains de la nature que nous tenons le remede que je vous indique pour soulager ce
besoin.   Or, comme nous sommes assurés
que la loi naturelle est d'institution divine,
comment oserions-nous craindre d'offen-
ser Dieu en soulageant nos besoins par des

moyens qu'il a mis en nous , qui font fon ouvrage , furtout lorfque ces moyens ne troublent point l'ordre établi dans la focié-té. Il n'en eft pas de même, ma chere fille, de ce qui s'eft paffé entre le Pere Dirrag & Mademoifelle Eradice : ce Pere a trompé fa Pénitente : il a rifqué de la rendre me-re, en fubftituant à la place du feint cor-don de S. François, le membre naturel de l'homme , qui fert à la génération. Par là il a péché contre la loi naturelle qui nous prefcrit d'aimer notre prochain comme nous même. Eft-ce aimer fon prochain que de mettre, comme il l'a fait Mademoifelle Eradice dans le hazard d'être perdue de réputation & deshonnorée pour toute fa vie ? L'introduction , ma chere enfant , & les mouvemens que vous avez vûs de ce membre du Pere dans la partie naturelle de fa Pénitente , qui eft la mécanique de la fabrique du genre humain, n'eft permi-fe que dans l'état du mariage : dans celui de fille, cette action peut nuire à la tran-quilité des familles , & troubler l'intérêt

public, qu'il faut toujours refpecter   Ainfi, tant que vous ne ferez pas liée par le
Sacrement du Mariage, gardez-vous bien
de fouffrir d'aucun homme une pareille
opération en quelque forte d'attitude que
ce puiffe être.   Je vous ai indiqué un remede qui modérera l'excès de vos defirs,
& qui tempérera le feu qui les excite.   Ce
même remede contribuera bientôt au réta-
bliffement de votre fanté chancelante &
vous rendra votre embonpoint.   Votre figure aimable ne manquera pas de vous at-
tirer alors des amans qui chercheront à
vous féduire.   Soyez bien fur vos gardes,
& ne perdez point de vûe les leçons que je
vous donne.   C'en eft affez pour aujour-
d'hui, ajouta ce fenfé Directeur; vous me
trouverez ici dans huit jours à la même
heure.   Souvenez-vous au moins que tout
ce qui fe dit dans le tribunal de la pénitence, doit être auffi facré pour le Pénitent
que pour fon Confeffeur, & que c'eft un
péché énorme d'en révéler la moindre cir-
conftance à perfonne.

Les préceptes de mon nouveau Directeur avoient charmé mon ame ; j'y voyoit
un air de vérité, une forte de démonftra-
tion foutenue , un principe de charité ,
qui me faifoient fentir le ridicule de ce
que j'avois oui jufques alors.

Après avoir paffé la journée à réfléchir,
le foir avant de me coucher, je me pré-
parai à baffiner les parties meurtries : tranquille fur les regards & fur les attouchemens, je me trouffai, & m'étant affife fur
le bord de mon lit, j'écartai les cuiffes de
mon mieux & m'attachai à examiner attentivement cette partie qui nous fait femmes ; j'en entrouvois les lévres , & cherchant avec le doigt l'ouverture par laquelle
le Pere Dirrag avoit pû enfiler Eradice a-
vec un fi gros inftrument, je la découvris,
fans pouvoir me perfuader que ce fût elle ;
fa petiteffe me tenoit dans l'incertitude ; &
je tentois d'y introduire le doigt, lorfque
je me fouvins de la défenfe de Mr. T...
Je le retirai avec promptitude : en remontant le long de la fente.   Une petite émi-

nence que j'y rencontrai , me caufa un treffaillement, je m'y arrêtai : je frottai, & bientôt j'arrivai au comble du plaifir. Quelle heureufe découverte pour une fille qui avoit dans elle une force abondante de la liquer qui en eft le principe !

Je nageai pendant près de fix mois dans un torrent de volupté, fans qu'il m'arrivât rien qui mérite ici fa place.

Ma fanté s'étoit entierement rétablie : ma confcience étoit tranquille par les foins de mon nouveau Directeur, qui me donnoit des confeils fages, & combinés avec les paffions humaines : je le voyois régu- liérement tous les lundis au Confeffionnal & tous les jours chez Madame C... je ne quittois plus cette aimable femme : les té- nebres de mon efprit fe diffipoient : peu à peu je m'accoutumois à penfer, à raifon- ner conféquemment. Plus de Pere Dirrag pour moi, plus d'Eradice.

Que l'exemple & les préceptes font des grands maîtres pour former le cœur & l'es- prit ! S'il eft vrai qu'ils ne nous donnent tien, & que chacun ait en foi les germes de tout ce dont il eft capable, il eft certain du moins qu'ils fervent à développer ces germes, & à nous faire appercevoir les idées, les fentimens dont nous fommes fufceptibles, & qui, fans l'exemple, fans les leçons, refteroient enfouis dans leurs entraves, & dans leur enveloppes.

Cependant ma mere continuoit fon commerce en gros, qui réuffiffoit mal: on lui devoit beaucoup, & elle étoit à la veille d'effuyer une banqueroûte de la part d'un Négociant de Paris capable de la ruiner. Après s'être confultée, elle fe détermina à faire un voyage dans cette fuperbe Ville. Cette tendre mere m'aimoit trop pour me perdre de vûe pendant une efpace de temps qui pouvoit être fort long, il fut réfolu que je l'accompagnerois. Hélas! la pauvre femme ne prévoyoit guere qu'elle y finiroit fes triftes jours, & que je retrouverois dans les bras de mon cher Comte la fource du bonheur des miens.

Il fut déterminé que nous partirions

dans un mois : temps que j'allai paſſer avec
Madame C.... à ſa maiſon de campagne
éloignée d'une petite lieue de la Ville :
Monſieur l'Abbé y venoit réguliérement
tous les jours & y couchoit, lorſque ſes devoirs le lui permettoient.   L'un & l'autre
m'accabloient de careſſes ; on ne craignoit
plus de tenir devant moi des propos aſſez
libres , de parler de matieres de Morale ,
de Religion , de ſujets Métaphyſiques ,
dans un goût bien différent des principes
que j'avois reçus.   Je m'appercevois que
Madame C... étoit contente de ma façon
de penſer & de raiſonner , & qu'elle ſe
faiſoit un plaiſir de me conduire, de conſéquence en conſéquence , à des preuves
claires & évidentes.   Quelquefois ſeulement j'avois le chagrin de remarquer que
M. l'Abbé T... lui faiſoit ſigne de ne pas
pouſſer ſi loin ſes raiſonnemens ſur certaines matieres.   Cette découverte m'humilia ;
je réſolus de tout tenter pour être inſtruite
de ce que l'on vouloit me cacher.   Je n'a-
vois pas juſqu'alors formé le moindre ſoup-

çon fur la tendreſſe mutuelle qui les uni-
ſoit.   Bientôt je n'eus plus rien à deſirer,
comme vous allez l'entendre.

Vous verrez, mon cher Comte, qu'elle
eſt la ſource d'où j'ai puiſé les principes de
Morale & de Métaphyſique que vous avez
ſi bien cultivés, & qui, en m'éclairant ſur
ce que nous ſommes dans ce monde, comme ſur ce que nous avons à craindre de
l'autre, aſſurent la tranquillité d'une vie
dont vous faites tout le plaiſir.

Nous étions alors dans les plus beaux
jours de l'Eté.   Madame C... ſe levoit ordinairement vers les cinq heures du matin, pour aller ſe promener dans un petit
boſquet au bout de ſon jardin.   J'avois re-
marqué que l'Abbé T... s'y rendoit auſſi
lorſqu'il couchoit à la Campagne; qu'au
bout d'une heure ou deux ils rentroient
enſemble dans l'appartement où couchoit
Madame C... & qu'enfin l'un & l'autre ne
paroiſſoient enſuite dans la maiſon que
vers les huit à neuf heures.

Je réſolus de les prévenir dans le boſquet

& de m'y cacher de maniere à pouvoir les entendre. Comme je n'avois pas l'ombre du foupçon de leurs amours, je ne prévoyois point du tout ce que je perdrois en ne les voyant pas. Je fus donc reconnoître le terrein & m'affurer une place commode à mon projet.

Le foir en foupant, la converfation tomba fur les opérations & fur les productions de la nature; mais qu'eft-ce que c'eft donc que cette nature, dit Madame C...? Eft-ce un Etre particulier? Tout ne feroit-il pas produit par Dieu? Seroit-elle une Divinité fubalterne? En vérité vous n'êtes pas raifonnable de parler ainfi, répliqua vivement l'Abbé T... en lui faifant un clin d'œil. Je vous promets, dit-il, dans notre promenade, demain matin, de vous expliquer l'idée que l'on doit avoir de cette mere commune du genre humain : il eft trop tard pour toucher cette matiere. Ne voyez-vous pas qu'elle accableroit d'ennui Mademoifelle Thérefe, qui tombe de fommeil? Si vous voulez m'en croire l'une &

l'autre, allons nous coucher; je vais finir mes heures, & je fuivrai de près votre ex-emple. Le confeil de l'Abbé fut rempli: chacun fe retira dans fon appartemeut.

Le lendemain, dès la pointe du jour, j'allai me camper dans mon embufcade. Je me plaçai dans des brouffailles qui é-toient derriere une efpece de bofquet de charmille, orné de bancs de bois peints en verd & de quelques ftatues. Après une heure d'impatience mes héros arriverent & s'affirent précifément fur le blanc der-riere lequel je m'étois gîtée. Oui en vérité, difoit l'Abbé en entrant, elle devient tous les jours plus jolie; fes tétons font groffis au point de remplir fort bien la main d'un honnête Eccléfiaftique; fes yeux ont une vivacité qui ne dément pas le feu de fon tempéramment; car elle en a un des plus fort la petite friponne de Thérefe. Imma-gines-toi qu'en profitant de la permiffion que je lui ai donné de fe foulager avec le doigt elle le fait au moins une fois tous les jours. Avoues que je fuis auffi bon Méde-

cin que docile Confesseur; je lui ai guéri
le corps & l'esprit. Mais, Abbé, reprit
Madame C... auras-tu bientôt fini avec
ta Thérese? Sommes nous venus ici pour
nous entretenir de ses beaux yeux, de son
tempéramment? Je soupçonne, Monsieur
l'égrillard, que vous auriez bien envie de
lui éviter la peine qu'elle prend de s'appli-
quer elle-même votre recette. Au reste tu
sçais que je suis bonne Princesse, & j'y
consentirois volontiers, si je n'en prévoyois
pas le danger pour toi. Thérese a de l'e-
sprit; mais elle est trop jeune, & n'a pas
assez d'usage du monde pour oser s'y confier. Je remarque que sa curiosité est sans
égale. Il y a de quoi faire par la suite un
très-bon sujet; & sans les inconvéniens dont
je viens de parler, je n'hésiterois pas a te
proposer à la mettre de tiers dans nos plaisirs; car convenons qu'il y a bien de la folie à être jaloux ou envieux du bonheur de
ses amis, dès que leur félicité n'ôte rien à
la nôtre. Vous avez bien raison, Madame,
dit l'Abbé. Ce sont deux passions qui tour-

mentent en pure perte tous ceux qui ne font pas nés pour fçavoir penfer. Il faut diftinguer cependant l'envie de la jaloufie. L'envie eft une paffion innée dans l'homme; elle fait partie de fon effence: les enfans au berceau font envieux de ce qu'on donne à leurs femblables. Il n'y a que l'éducation qui puiffe modérer les effets de cette paffion que nous tenons des mains de la nature. Mais il n'en eft pas de même de la jaloufie confidérée par rapport aux plaifirs de l'amour. Cette paffion eft l'effet de notre amour propre & du préjugé. Nous connoiffons des Nations entieres, où les hommes offrent à leurs convives la jouiffance de leurs femmes, comme nous offrons aux nôtre le meilleur vin de notre cave. Un de ces Infulaires careffe l'amant qui jouit des embraffemens de fa femme: fes compatriotes l'applaudiffent, le félicitent. Un François, en même cas, fait la moue; chacun le montre au doigt & fe moque de lui. Un Perfan poignarde l'amant & la maitreffe; tout le monde applaudit à ce double affaffinat.

Il eſt donc évident que la jalouſie n'eſt pas une paſſion que nous tenions de la nature, c'eſt l'éducation, c'eſt le préjugé du pays qui l'a fait naître. Dès l'enfance une fille à Paris lit, entend dire qu'il eſt humiliant d'eſſuyer une infidélité de ſon amant: on aſſure à un jeune homme qu'une maîtreſſe, qu'une femme infidele bleſſe l'amour propre, deshonore l'amant ou le mari. De ces principes ſucés, pour ainſi dire, avec le lait, naît la jalouſie, ce monstre qui tourmente les humains en pure perte, pour un mal qui n'a rien de réel.

Dinſtinguons néanmoins l'inconſtance de l'infidélité. J'aime une femme dont je ſuis aimé : ſon caractere ſymphatiſe avec le mien ; ſa figure, ſa jouiſſance fait mon bonheur ; elle me quitte : ici la douleur n'eſt plus l'effet du préjugé, elle eſt raiſonnable, je perds un bien effectif, un plaiſir d'habitude que je ne ſuis pas certain de pouvoir réparer avec tous ſes agrémens ; mais une infidélité paſſagere, qui n'eſt que l'ouvrage du plaiſir, du tempéramment ;

quelquefois celui de la reconnoiſſance, ou d'un cœur tendre & ſenſible à la peine ou au plaiſir d'autrui, quel inconvenient en réſulteroit-il? En vérité, quoiqu'on diſe, il faut être peu ſenſé pour s'inquiéter de ce qu'on nomme à juſte titre *un coup d'épée dans l'eau*, d'une choſe qui ne nous fait ni bien ni mal.

Oh ! je vous vois venir, dit Madame C... en interrompant l'Abbé T... ceci m'anonce tout doucement que par bon cœur ou pour faire plaiſir à Théreſe, vous feriez homme à lui donner une petite leçon de volupté, un petit cliſtere aimable, qui, ſelon vous, ne me feroit ni bien ni mal. Va, mon cher Abbé, continua-t-elle, j'y conſens avec joie: je vous aime tous deux ; vous gagnerez l'un & l'autre par cette é- preuve, à laquelle je ne perdrai rien : pourquoi m'y oppoſerois-je ? Si je m'en inquiétois, tu conclurois avec raiſon que je n'aime que moi, que ma ſatisfaction particuliere, qu'à l'augmenter aux dépens même de celle que tu peux goûter ailleurs ;

& c'eſt ce qui n'eſt point : je ſçai faire mon bonheur indiſtinctement de tout ce qui peut contribuer à augmenter le tien. Ainſi tu peux, mon cher ami, ſans craindre de me déſobliger, houſpiller de ton mieux la moniche de Théreſe : cela fera grand bien à cette pauvre fille ; mais, je te le répéte, prends garde à l'imprudence .... Quelle folie, reprit l'Abbé ! je vous jure que je ne penſe point à Théreſe. J'ai voulu ſimplement vous expliquer le mécaniſme par lequel la nature... Hé bien ! n'en parlons plus, répliqua Madame C... Mais à propos de *nature*, tu oublie, ce me ſemble, la promeſſe que tu m'avois faite de me définir ce que c'eſt que cette bonne mere. Voyons un peu comment tu te tireras de cette démonſtration, car tu prétens que tu démontre tout.

Je le veux, répondit l'Abbé ; mais, ma petite mere, tu ſçais ce qu'il me faut auparavant ; je ne vaux rien quand je n'ai pas fait la beſogne qui affecte le plus vivement mon imagination. Les autres idées ne ſont pas nettes & fe trouvent toujours abforbées, confondues par celle-ci. Je t'ai déjà dit que lorfqu'à Paris je m'occupois presqu'uniquement de la lecture & des fciences les plus abftraites, dès que je fentois l'éguillon de la chair me tracaffer, j'avois une petite fille *ad hoc* comme on a un pot de chambre pour piffer, à qui je faifois une ou deux fois la groffe befogne, dont il vous plaît de ne vouloir pas tâter de ma façon. Alors l'efprit tranquille, les idées nettes, je me remettois au travail; & je foutiens que tout homme de lettres, tout homme de cabinet, qui a un peu de tempéramment, doit ufer de ce remede auffi néceffaire à la fanté du corps qu'à celle de l'efprit. Je dis plus: je prétends que tout honnête homme, qui connoît les devoirs de la fociété, devroit en faire ufage, afin de s'affurer de n'être point excité trop vivement à s'écarter de ces devoirs en débauchant la femme ou la fille de fes amies, ou de fes voifins.

Préfentement vous me demanderez, peut-être Madame, continua l'Abbé, comment

doivent donc faire les femmes & les filles ? elle ont dites-vous, leurs befoins
comme les hommes, elles font de même
pâte, cependant elles ne peuvent pas fe
fervir des mêmes reffource : le point d'honneur, la crainte d'un indifcret, d'un mal-
adroit, d'un faifeur d'enfant, ne leur per-
met pas d'avoir recours au même remede
que les hommes. D'ailleurs, ajouterez-
vous, où en trouver de ces hommes tout
prêts, comme l'étoit votre petite fille *ad
hoc* ? Hé bien, Madame, continua T...
que les femmes & les filles faffent comme
Thérefe & vous ; fi ce jeu ne leur plaît pas
affez, (comme en effet il ne plait pas à toutes) qu'elle fe fervent de ces ingénieux in-
ftrumens nommés *Godemichis* ; c'eft une
imitation affez naturelle de la réalité. Joignez à cela que l'on peu s'aider de l'imagination. Au bout du compte, je le répéte, les hommes & les femmes ne doivent
fe procurer que les plaifirs qui ne peuvent
pas troubler l'intérieur de la fociété établie.
Les femmes ne doivent donc jouir que de

ceux qui leur conviennent, eû égard aux devoirs que cet établiffement leur impofe. Vous aurez beau vous récrier à l'injuftice, ce que vous regardez comme injuftice particuliere, affure le bien général, que perfonne ne doit tenter d'enfreindre. Oh! je vous tiens, Monfieur l'Abbé, repliqua Madame C... vous venez me dire préfentement qu'il ne faut pas qu'une femme, qu'une fille, fe laiffent faire ce que vous fçavez par les hommes, ni qu'un honnête homme trouble l'intérêt public en cherchant à les féduire; tandis que vous-même, Monfieur le paillard, m'avez tourmentée cent fois pour me mettre dans ce cas, & qu'il y a long-temps que ce feroit une befogne faite, fans la crainte infurmontable que j'ai toujours eue de devenir groffe; vous n'avez donc pas craint, pour fatisfaire votre plaifir particulier, d'agir contre l'intérêt général que vous prônez fi fort. Bon! nous y voilà encore, reprit l'Abbé! Tu recommences donc toujours la même chanfon, ma petite mere? Ne t'ai-je pas dit

qu'en agissant avec de certaines précau-
tions, on ne risque point cet inconvénient?
N'est-tu pas convenue avec moi que les
femmes n'ont que trois choses à redouter,
la peur du Diable, la réputation & la gros-
sesse? Tu es très-appaisé, je pense, sur
le premier article; je ne crois pas que tu
craignes de ma part l'indiscrétion ni l'imprudence, qui seules peuvent ternir la réputation; enfin on ne devient mere que
par l'étourderie de son amant. Or, je t'ai
déjà démontré plus d'une fois, par l'ex-
plication du mécanique de la fabrique des
hommes que rien n'étoit plus facile à éviter: répétons donc encore ce que nous a-
vons dit à ce sujet. L'amant par la réflexion
ou par la vûe de sa maîtresse, se trouve
dans l'état qui est nécessaire à l'acte de la
génération : le sang, les esprits, le nerf
érecteur, ont enflé & roidi son dart: tous
deux d'accord, ils se mettent en posture:
la fléche de l'amant est poussée dans le carquois de sa maîtresse: les semences se pré-
parent par le frottement réciproque des

parties. L'excès du plaifir les tranfporte ; déjà l'élixir divin eft prêt à couler : alors l'amant fage, maître de fes paffions, retire l'oifeau de fon nid ; & fa main, ou celle de fa maîtreffe acheve par quelques legers mouvemens de provoquer l'éjaculation au dehors. Point d'enfant à craindre dans ce cas. L'amant étourdi & brutal pouffe au contraire jufques au fond du vagin, il y répand fa femence ; elle pénetre dans la matrice, & de-là dans fes trompes où fe forme la génération.

Voilà, Madame, continua Mr. T... puifque vous avez voulu que je le répétaffe encore, quel eft le mécanique des plaifirs de l'Amour. Me connoiffant tel que je fuis, pouvez-vous me croire du nombre de ces derniers imprudens ? Non, ma chere amie, j'ai fait cent fois l'expérience du contraire ; laiffe-moi, je te conjure, la renouveller aujourd'hui avec toi. Regardez dans quel état de triomphe eft mon drôle : tu le tiens ; oui ; ferre-le bien dans ta main ; tu vois qu'il te demande grace,

& je... Non pas, s'il vous plaît, mon cher Abbé, repliqua à l'inftant Madame C... il n'en fera rien, je vous jure; tout ce que vous m'avez dit, ne peut me tranquilifer fur mes craintes; & je vous procurerois un plaifir que je ne pourrois pas goûter, cela n'eft pas jufte. Laiffez-moi donc faire: je vais mettre ce petit effronté à la raifon. Eh bien! pourfuivit-elle, eft-tu content de mes tetons & de mes cuiffes? Les as-tu af-fez baifés, affez maniés? Pourquoi trouffer ainfi mes manchettes au-deffus du coude? Monfieur aime fans doute à voir les mou-vemens d'un bras nud? Fais-je bien? Tu ne dis mot! Ah! le coquin! qu'il a de plaifirs?

Il fe fit un inftant de filence. Puis tout-à-coup j'entendis l'Abbé qui s'écria: ma chere maman, je n'en puis plus; un peu plus vîte, donne-moi donc ta petite lan-gue, je t'en prie: Ah! il cou... le!

Juges, mon cher Comte, de l'état où j'étois pendant cette édifiante converfa-tion. J'effayai vingt fois de me lever, pour

tâcher de trouver quelqu'ouverture par où
je puffe découvrir les objets ; mais le bruit
des feuilles me retint toujours. J'étois affife : je m'allongeai de mon mieux, & pour
éteindre le feu qui me dévoroit, j'eus recours à mon petit exercice ordinaire.

Après quelques momens, qui furent
employés fans doute à réparer le défordre
de Monfieur l'Abbé ; en vérité, dit-il, toute réflexion faire, je crois, ma bonne a-
mie, que vous avez eu raifon de me refu-
fer la jouiffance que je vous demandois : j'ai
fenti un plaifir fi vif, un chatouillement fi
puiffant, que je penfe que tout eût coulé à
travers choux, fi vous m'euffiez laiffé faire.

Il faut avouer que nous fommes des ani-
maux bien foibles, & bien peu maîtres de
diriger nos volontés. Je fçai tout cela,
mon pauvre Abbé, reprit Madame C . . .
tu ne m'apprends rien de nouveau ; mais
dis-moi, eft-il bien vrai que dans le genre
des plaifirs que nous goûtons, nous ne pé-
chions pas contre l'intérêt de la fociété ?
Et cet amant fage, dont tu approuve la

prudence, qui retire l'oifeau de fon nid, & qui répend le beaume de vie au dehors, ne fait-il pas également un crime; car il faut convenir que les uns & les autres nous fupprimons à la fociété un citoyen qui pourroit lui devenir utile.

Ce raifonnement, répliqua l'Abbé, pa-roît d'abord fpécieux; mais vous allez voir, ma belle Dame, qu'il n'a cependant que l'écorce. Nous n'avons aucune loi humaine ni divine qui nous invite, & encore moins qui nous contraigne de travailler à la mul-tiplication du genre humain. Toutes ces loix permettent le célibat aux garçons & aux filles, à une foule de Moines fainéans & Réligieufes inutiles : elles permettent à l'homme marié d'habiter avec fa femme groffe, quoique les femences alors répan-dues, le foient fans efpérance de fruit. L'état de virginité eft même réputé préfé-rable à celui du mariage. Or, ces faits po-fés, n'eft-il pas certain que l'homme qui triche, & ceux qui, comme nous, jouis-fent des plafirs de la petite oye, ne font rien

de plus que ces Moines, que ces Réligieufes, que tout ce qui vît dans le célibat?
Ceux-ci confervent dans leurs reins en pure perte une femence que les premiers ré-
pandent en pure perte : ne font-ils donc
pas les uns & les autres précifément dans
un cas égal, eû égard à la fociété? Ils ne
lui donnent tous aucun citoyen; mais la
faine raifon ne nous dicte-t-elle pas qu'il
vaut mieux encore que nous jouiffions d'un
plaifir qui ne fait tort à perfonne, en ré-
pandant inutilement cette femence, que
de la conferver dans nos vaiffeaux fperma-
tiques, non-feulement avec la même inu-
tilité, mais encore toujours aux dépens de
notre fanté & fouvent de notre vie. Ainfi
vous voyez, Madame la raifonneufe, a-
jouta l'Abbé, que nos plaifirs ne font pas
plus de tort à la fociété que le célibat aprou-
vé des Moines, des Réligieufes, &c. &
que nous pouvons aller notre petit train.

Sans doute qu'enfuite de ces réflexions
l'Abbé fe mit en devoir de rendre à Madame C... fervice, car j'entendis un in-

ftant après que celle-ci lui difoit: Ah: finis, vilain Abbé retires ton doigt, je ne
fuis pas entrain aujourd'hui, je me reffens
encore de nos folies d'hier, remettons celle-ci à demain: d'ailleurs tu fçais que j'aime à être à mon aife, bien étendue fur
mon lit: ce banc n'eft point commode; finis encore un coup: je ne veux de toi préfentement que la définition que tu m'as
promis fur Dame Nature: vous voilà tranquille, Mr. le Philofophe; parlez, je vous
écoute. Sur Dame Nature, reprit l'Abbé?
Ma foi vous en fçaurez bientôt autant que
moi. C'eft un Etre imaginaire, c'eft un
mot vuide de fens. Les premiers Chefs
des Réligions, les premiers Politiques,
embarraffés fur l'idée qu'ils devoient donner au public du bien & du mal moral,
ont imaginé un être entre Dieu & nous,
qu'ils ont rendu l'auteur de nos paffions,
de nos maladies, de nos crimes. Comment
en effet fans ce fecours euffent-ils concilié
leur fyftême avec la bonté infinie de Dieu?
D'où euffent-ils dit que nous venoient ces

envies de voler , de calomnier , d'aſſaſſi-
ner? Pourquoi tant de maladies, tant d'in-
firmités? Qu'avoit fait à Dieu ce malheureux cul-de-jatte, né pour ramper ſur la
terre pendant toute ſa vie ? Un Théologien nous dit à cela: *ce ſont des effets de la
Nature.* Mais qu'eſt·ce que c'eſt que cette
Nature ? Eſt-ce un autre Dieu que nous
ne connoiſſons pas ? Agit - elle par elle-
même & indépendamment de la volonté
de Dieu? Non, dit encore ſéchement le
Théologien. Comme Dieu ne peut pas être
l'auteur du mal , le mal ne peut exiſter que
par le moyen de la Nature. Quelle abſur-
dité ! Eſt - ce du bâton qui me frappe dont
je dois me plaindre ? N'eſt - ce pas de celui
qui a dirrigé le coup ? N'eſt-ce pas lui qui eſt
l'auteur du mal que je reſſens ? Pourquoi
ne pas convenir une bonne fois que la Nature eſt un Etre de raiſon, un mot vuide
de ſens ; que tout eſt de Dieu, que le mal
phyſique qui nuit aux uns ſert au bonheur
des autres; que tout eſt bien ; qu'il n'y a
rien de mal dans le monde eu égard à la

Divinité; que tout ce qui s'appelle *bien* ou *mal* moral, n'eft que rélatif à l'intérêt des fociétés établies parmi les hommes, mais rélatif à Dieu, par la volonté duquel nous agiffons néceffairement d'après les premieres loix, d'après les premiers principes du mouvement qu'il a établi dans tout ce qui exifte? Un homme vole, il fait du bien par rapport à lui, du mal par fon infraction à l'établiffement de la fociété, mais rien par rapport à Dieu. Cependant je conviens que cet homme doit être puni, quoiqu'il ait agi néceffairement, quoique je fois convaincu, qu'il n'a pas été libre de commettre ou de ne pas commettre fon crime; mais il doit l'être parce que la punition d'un homme qui trouble l'ordre établi, fait mécaniquement par la voie des fens, des impreffions fur l'ame qui empêchent les méchans de rifquer ce qui pourroit leur faire mériter la même punition, & que la peine que fubit ce malheureux pour fon infraction, doit contribuer au bonheur général, qui eft préférable dans tous les cas au bien particulier. J'ajoute encore que l'on ne peut même trop noter d'infamie les parens, les amis & tous ceux qui ont eu des habitudes avec un criminel, pour engager par ce trait de politique, tous les humains à s'inspirer mutuellement entre eux de l'horreur pour les actions, & pour les crimes qui peuvent troubler la tranquilité publique : tranquilité que notre disposition naturelle, que nos besoins, que notre bien-être particulier nous portent sans cesse à enfraindre : disposition enfin qui ne peut être absorbée dans l'homme que par l'éducation ; qu'au moyen des impressions qu'il reçoit dans l'ame, par la voie des autres hommes qu'il fréquente ou qu'il voit habituellement, soit par le bon exemple, soit par les discours ; en un mot par les sensations externes, qui, jointes aux dispositions intérieures, dirigent toutes les actions de notre vie. Il faut donc éguillonner, il faut nécessiter les hommes à s'exciter entre eux à ces sensations utiles au bonheur général.

Je crois, Madame, ajouta l'Abbé, que vous fentez préfentement ce que l'on doit entendre par le mot de *Nature*.   Je me propofe de vous entretenir demain matin de l'idée qu'on doit avoir des Réligions. C'eft une matiere importante à notre bonheur; mais il eft trop tard pour l'entamer aujourd'hui.   Je fens que j'ai befoin d'aller prendre mon Chocolat.   Je le veux, dit Madame C... en fe levant : Monfieur le Philofophe a fans doute befoin d'une réparation phyfique pour les pertes libidineufes que je lui ai fait faire : cela eft bien jufte, continua-t-elle : vous avez fait & vous avez dit des chofes admirables : rien de mieux que vos obfervations fur la Nature; mais trouvez bon que je doute fort que vous puifliez me faire voir auffi clair fur le chapitre des Réligions, que vous avez touché diverfes fois avec beaucoup moins de fuccès.   Comment donner en effet des démonftrations dans une matiere auffi abftraite, & où tout eft article de foi? C'eft ce que nous verrons demain , répondit l'Abbé.

Oh! ne comptez pas en être quitte demain pour des raiſonnemens, répliqua Madame C... Nous rentrerons, s'il vous plait, de bonne heure dans ma chambre, où j'aurai beſoin de vous & de mon lit de repos.

Quelques inſtans après ils prirent l'un & l'autre le chemin de la maiſon. Je les y ſuivis par une allée couverte. Je ne reſtai qu'un moment dans ma chambre pour y changer de robbe, & je me rendis de ſuite dans l'appartement de Madame C... où je craignois que l'Abbé n'entamât encore l'article des Réligions que je voulois abſolument entendre ; celui de la Nature m'avoit frappée: je voyois clairement que Dieu & la Nature n'étoient qu'une même choſe, ou du moins que la nature n'agiſſoit que par la volonté immédiate de Dieu. Delà je tirai mes petites conſéquences, & je commençai peut-être à penſer pour la premiere fois de ma vie.

Je tremblois en entrant dans l'appartement de Madame C... Il me ſembla qu'elle devoit s'appercevoir de l'eſpece de per-

fidie que je venois de lui faire & de diver-
ses réflexions dont j'étois agitée. L'Abbé
T... me regardoit attentivement ; je me
crus perdue ; mais bientôt je l'entendis qu'il
disoit à demi bas à Madame C... voyez si
Thérese n'est pas jolie ? Elle a des couleurs
charmantes ; ses yeux sont perçans & sa
physionomie devient tous les jours plus
spirituelle. Je ne sçai ce que Madame C...
lui répondit ; ils soûrioient l'un & l'autre.
Je fis semblant de n'avoir rien entendu, &
j'eus grand soin de ne pas les quitter de
toute la journée.

En rentrant le soir dans ma chambre,
je formai mon plan pour le lendemain matin. La crainte où j'étois de ne pas m'é-
veiller d'assez bonne heure, fut cause que
je ne dormis point. Vers les cinq heures
du matin je vis Madame C... gagner le
bosquet où Monsieur T... l'attendoit déja ;
suivant ce que j'avois oui la veille, elle devoit bientôt rentrer dans sa chambre à coucher où étoit le lit de repos dont elle avoit
parlé. Je n'hésitai pas de m'y couler & de

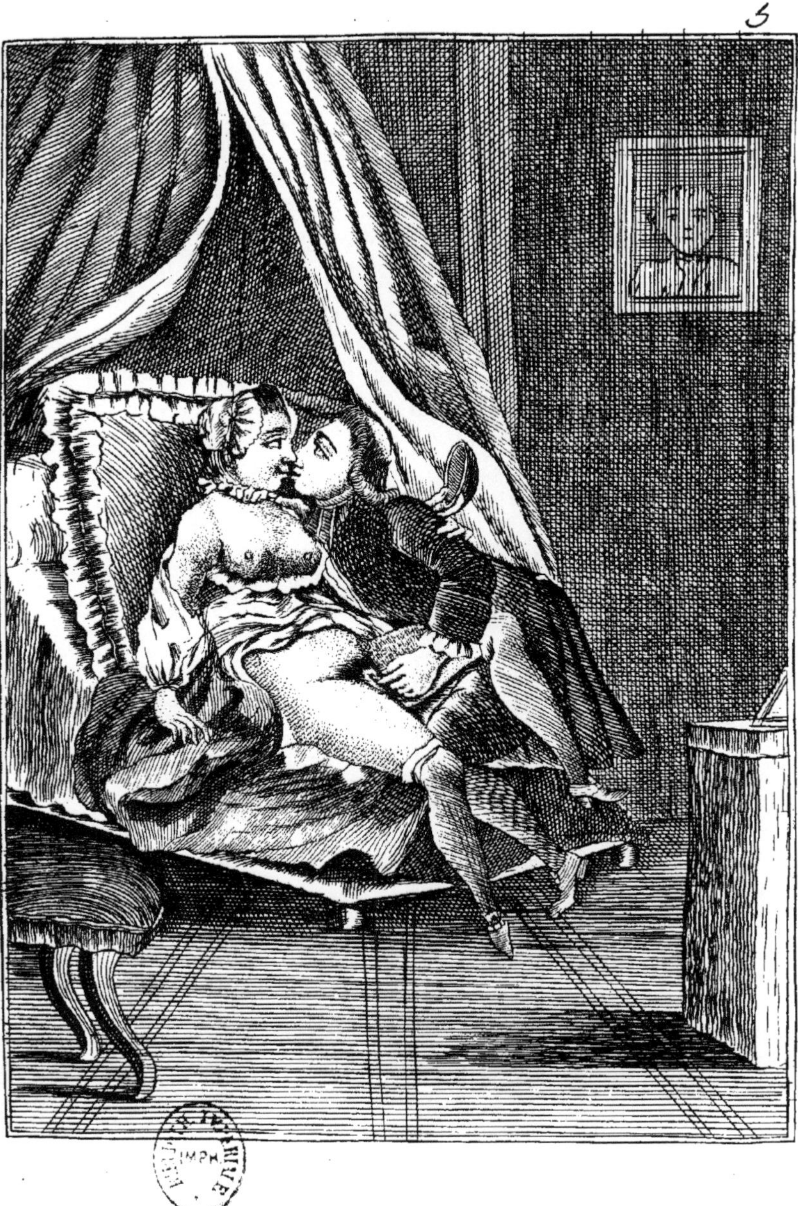

me cacher dans la ruelle de fon lit, où je m'affis fur le plancher, le dos appuyé contre le mur à côté du chever, j'avois le rideau du lit devant moi, que je pouvois entr'ouvrir au befoin pour avoir en entier le fpectacle du petit lit qui étoit dans le coin oppofé de la chambre, où l'on ne pouvoit pas dire un mot fans que je l'entendiffe.

Ainfi poftée, l'impatience commençoit à me faire appréhender d'avoir manqué mon coup, lorfque mes deux acteurs rentrerent. Baife moi comme il faut, mon cher ami, difoit Madame C... en fe laiffant tomber fur fon lit de repos. La lecture de ton vilain *Portier des Chartreux* m'a mife toute en feu; fes portraits font frappés; ils ont un air de vérité qui charme : s'il étoit moins ordurier, ce feroit un livre inimitable dans fon genre. Mets le moi aujourd'hui, Abbé, je t'en conjure, ajouta-t elle; j'en meurs d'envie, & je confens d'en rifquer l'événement. Non pas moi, reprit l'Abbé, pour deux bonnes raifons : la premiere, c'eft que je vous aime & que

je fuis trop honnête homme pour rifquer
votre réputation & vos juftes reproches
par cette imprudence : la feconde c'eft que
Monfieur le Docteur n'eft pas aujourd'hui
comme vous voyez dans fon brillant ; je ne
fuis pas gafcon, &... Je le vois à merveil-
le, reprit Madame C... cette derniere
raifon eft fi énergique que vous euffiez pû
en vérité vous difpenfer de vous faire un
mérite de la premiere. Çà, mets-toi donc
du moins à côté de moi, ajouta-t-elle en
s'étendant lafcivement fur le lit, & chan-
tons, comme tu dis, le petit office.   Ah !
de tout mon cœur, ma chere maman, reprit l'Abbé qui étoit alors debout, décou-
vrant méthodiquement la gorge de Madame.   Enfuite il trouffa fa robbe & fa chemife jufqu'au-deffus du nombril ; puis il
lui ouvrit les cuiffes, en élevant tant foit
peu fes genoux, de maniere que fes ta-
lons, qui fe raprochoient quelque peu de
fes feffes, étoient prefque joints l'un à l'autre, appuyés fur les pieds du lit.

Dans cette attitude, en partie cachée

pour moi par l'Abbé, qui baifoit alterna-
tivement toutes les beautés du corps de fa
chere maîtreffe, Madame C... paroiffoit
immobile, recueillie, méditant fur la nature des plaifirs dont elle fentoit déja les
prémices : fes yeux étoient moitié fermés :
la pointe de fa langue fe montroit fur le
bord de fes lévres vermeilles, & tous les
mufcles de fon vifage étoient dans une agitation voluptueufe. Finis donc tes baifers,
dit-elle à l'Abbé T... ne vois-tu pas que je
t'attends? Je n'en puis plus.

Le complaifant Directeur ne fe fis pas
répéter deux fois ce qu'on exigeoit de lui.
Il fe gliffa par le pied du lit entre Madame
C... & la muraille, fa main gauche fut
paffée fous la téte de la tendre C... qu'il
preffoit, la baifant bouche à bouche avec
les petits mouvemens de langue les plus
voluptueux. Son autre main fut occupée à
l'action principale : elle careffoit artifte-
ment, frottant cette partie qui diftingue
notre fexe, & que Madame C... a très-a-
bondamment garnie d'un poil frifé & du

plus beau noir.   Le doigt de l'Abbé jouoit ici·le rôle le plus intéreſſant.

Jamais tableau ne fut placé dans un jour plus avantageux, eu égard à ma poſition. Le lit de repos étoit diſpoſé de façon que j'avois pour point de vûë la toiſon de Madame C ... Au-deſſous ſe montroient en partie ſes deux feſſes, agitées d'un mouvement léger de bas en haut, qui annonçoit la fermentation intérieure: & ſes cuiſ-ſes, les plus belles, les plus rondes, les plus blanches qui ſe puiſſent imaginer, fai-ſoient avec ſes genoux un autre petit mouvement de droite & de gauche, qui con-tribuoit ſans doute auſſi à la joie de la par-tie principale que l'on fêtoit & dont le doigt de l'Abbé, perdu dans la toiſon, ſuivoit tous les mouvemens.

J'entreprendrois inutilement, mon cher Comte, de vous dire ce que je penſois a-lors: je ne ſentois rien pour trop ſentir. Je devins machinalement le ſinge de ce que je voyois; ma main faiſoit l'office de celle de l'Abbé; j'imitois tous les mouvemens de mon amie. Ah! je me meurs, s'écria-t-elle tout-à-coup: enfoncé-le, mon cher Abbé: oui... bien avant, je t'en conjure, pouffe fort, pouffe, mon petit: ah! quel plaifir! je fonds... je... me pâ... me!

Toujours parfaite imitatrice de ce que je voyois, fans réfléchir un inftant à la défenfe de mon Directeur, j'enfonçai mon doigt à mon tour; une légére douleur que je reffentis, ne m'arrêta pas, je pouffai de toute ma force, & le parvins au comble de la volupté.

La tranquilité avoit fuccédé aux emportemens amoureux, & je m'étois comme affoupie malgré ma fituation gênante, lorfque j'entendis Madame C... s'approcher du lieu où j'étois cachée. Je me crus découverte; mais j'en fus quitte pour la peur. Elle tira le cordon de fa fonnette; & demanda du chocolat que l'on prit en faifant l'apologie des plaifirs qu'on venoit de goûter. Pourquoi ne font-ils pas entierement innocens, dit Madame C...? Car vous avez beau dire qu'ils ne bleffent point l'intérêt de la foiété ; que nous y fommes portés par un befoin auffi naturel à certains tempérammens , auffi néceffaire à foulager, que le font les befoins de la faim & de la foif : vous m'avez très-bien démontré que nous n'agiffons que par la volonté de Dieu, que la nature n'eft qu'un mot vuide de fens, & n'eft que l'effet dont Dieu eft la caufe ; mais la Réligion, qu'en direz-vous ? Elle nous défend les plaifirs de concupifcence , hors de l'état du mariage. Eft-ce encore là un mot vuide de fens ? Quoi, Madame, répondit l'Abbé, vous ne vous fouvenez donc pas que nous ne fommes point libres , que toutes nos actions font déterminées néceffairement ? & fi nous ne fommes pas libres , comment pouvons-nous pécher ? Mais entrons, puifque vous le voulez , férieufement en matiere fur le chapitre des Réligions. Votre difcrétion, votre prudence me font connues; & je crains d'autant moins de m'expliquer, que je protefte devant Dieu de la bonne foi avec laquelle j'ai cherché à déméler la vérité de l'illuſion. Voici le réſumé de mes travaux & de mes réflexions ſur cette importante matiere.

Dieu eſt bon, dis-je : ſa bonté m'aſſûre que, ſi je cherche avec ardeur à connoître s'il eſt un culte véritable qu'il exige de moi, il ne me trompera pas ; je parviendrai à connoître évidemment ce culte, autrement Dieu ſeroit injuſte : il m'a donné la raiſon pour m'en ſervir, pour me guider : à quoi puis-je mieux l'employer ?

Si un Chrétien de bonne foi ne veut pas examiner ſa Réligion, pourquoi voudra-t-il (ainſi qu'il l'exige) qu'un Mahométan de bonne foi examine la ſienne ? Ils croient l'un & l'autre que leur Réligion leur à été révélée de la part de Dieu, l'une par Jéſus-Chriſt, l'autre par Mahomet.

La foi ne nous vient que parce que des hommes nous ont dit que Dieu a révélé de certaine vérités. Mais d'autres hommes en ont dit de même aux Sectaires des autres Réligions, leſquels croire ? Pour le ſçavoir, il faut donc examiner ; car tout ce qui vient des hommes doit être foumis à notre raifon.

Tous les Auteurs des diverfes Réligions répandues fur la terre, fe font vantés que Dieu les leur avoit révélées; lefquels croire? Examinons quelle eft la véritable; mais comme tout eft préjugé de l'enfance & de l'éducation, pour juger fainement, il faut commencer par faire un facrifice à Dieu de tout préjugés & examiner enfuite avec le flambeau de la raifon une chofe de laquelle dépend notre bonheur ou notre malheur pendant notre vie & pendant l'éternité.

J'obferve d'abord qu'il y a quatre parties dans le monde; que la vingtiéme parties, au plus, d'une de ces quatre parties eft Catholique; que tous les habitans des autres parties difent que nous adorons un homme, du pain, que nous multiplions la Divinité; que prefque tous les Peres fe font contredits dans leurs écrits; ce qui prouve qu'ils n'étoient pas infpirés de Dieu.

Tous les changemens de Réligions depuis Adam, faits par Moïfe, par Salomon, par Jéfus-Chrift, & enfuite par les Peres, démontrent que toutes ces Réligions ne font que l'ouvrage des hommes. Dieu ne varie jamais! il eft immuable.

Dieu eft par tout: cependant l'Écriture fainte dit que Dieu chercha Adam dans le Paradis Terreftre, *Adam ubi es*? Que Dieu s'y promena, qu'il s'entretint avec le Diable au fujet de Job.

La raifon me dit que Dieu n'eft fujet à aucune paffion: cependant dans la Genèfe, Ch. 6, on y fait dire à Dieu qu'il fe repend d'avoir créé l'homme, que fa colere n'a pas été inefficace.   Dieu paroît fi foible dans la Réligion Chrétienne, qu'il ne peut pas réduire l'homme au point où il le voudroit: il le punit par l'eau, enfuite par le feu, l'homme eft toujours le même; il envoie des Prophêtes, les hommes font encore les mêmes; il n'a qu'un fils unique, il l'envoie, le facrifie; cependant les hommes ne changent en rien.   Que de ridicules la Réligion Chrétienne donne à Dieu!

Chacun convient que Dieu fçait ce qui

doit arriver pendant l'éternité ; mais Dieu, dit-on, ne connoît ce qui doit réfulter de nos actions, qu'après avoir prévû que nous abuferions de fes graces, & que nous commettrions ces mêmes actions ; il réfulte néanmoins de cette connoiffance, que Dieu en nous faifant naître fçavoit déja que nous ferions infailliblement damnés & éternellement malheureux.

On voit dans l'Ecriture fainte que Dieu a envoyé des Prophêtes pour avertir les hommes & les engager à changer de conduire. Or, Dieu qui fçait tout, n'ignoroit pas que les hommes ne changeroient point de conduite. Donc l'Ecriture fainte fuppofe que Dieu eft un trompeur. Ces idées peuvent-elles s'accorder avec la certitude que nous avons de la bonté infinie de Dieu.

On fuppofe à Dieu qui eft tout-puiffant, un rival dangereux dans le Diable, qui lui enleve fans ceffe malgré lui les trois quarts du petit nombre des hommes qu'il a choifis, pour lefquels fon fils s'eft facrifié, fans s'embarraffer du refte du genre humain. Quelles pitoyables abfurdités!

Suivant la Réligion Chrétienne, nous ne péchons que par la tentation: c'eſt le Diable, dit-on, qui nous tente. Dieu n'avoit qu'à anéantir le Diable, nous ferions tous fauvés: il y a bien de l'injuſtice ou de l'impuiſſance de fa part.

Une aſſez grande partie des Miniſtres de la Réligion Catholique prétend, que Dieu nous donne des commandemens, mais foutient qu'on ne fçauroit les accomplir fans la grace, que Dieu donne à qui lui plaît; & que cependant Dieu punit ceux qui ne les obfervent pas! Quelle contradition! Quelle impiété monſtrueufe!

Y a-t-il rien de ſi miférable que de dire que Dieu eſt vindicatif, jaloux, colère: de voir que les Catholiques adreſſent leurs prieres aux Saints; comme ſi ces Saints étoient partout ainſi que Dieu; comme ſi ces Saints pouvoient lire dans les cœurs des hommes & les entendre?

Quelle ridiculité de dire que nous devons tout faire pour la plus grande gloire de

Dieu! Eſt - ce que la gloire de Dieu peut-être augmentée par l'imagination, par les actions des hommes? Peuvent-ils augmenter quelque choſe en lui? Ne ſe ſuffit-il pas à lui-même.

Comment des hommes ont-ils pu s'imaginer que la Divinité ſe trouvoit plus honorée, plus ſatisfaite, de leur voir manger un harang qu'une moviette, une ſoupe à l'oignon qu'une ſoupe au lard, une folle qu'une perdrix; & que cette même Divinité les damneroit éternellement ſi dans certains jours ils donnoient la préférence à la ſoupe au lard?

Foibles mortels! Vous croyez pouvoir offenſer Dieu! Pourriez-vous ſeulement offenſer un Roi, un Prince, qui ſeroient raiſonnables? Ils mépriſeroient votre foibleſſe & votre impuiſſance. On vous annonce un Dieu vengeur, & on vous dit que la vengeance eſt un crime. Quel contradiction! On vous aſſûre que pardonner une offenſe, eſt une vertu: & on oſe vous dire que Dieu ſe venge d'une offenſe invo-

lontaire

lontaire par une éternité de supplices !

S'il y a un Dieu, dit-on, il y a un culte. Cependant avant la création du monde, il faut convenir qu'il y avoit un Dieu & point de culte. D'ailleurs depuis la création il y a des bêtes qui ne rendent aucun culte à Dieu. S'ils n'y avoit point d'hommes, il y auroit toujours un Dieu, des créatures & point de culte. La manie des hommes est de juger des actions de Dieu par celles qui leur sont propres.

La Réligion Chrétienne donne un fausse idée de Dieu ; car la justice humaine, selon elle, est une émanation de la justice divine. Or nous ne pourrions, suivant la justice humaine, que blâmer les actions de Dieu envers son Fils, envers Adam, envers les Peuples à qui on n'a jamais préché, envers les enfans qui meurent avant le Baptême.

Suivant la Réligion Chrétienne il faut tendre à la plus grande perfection. L'état de virginité, suivant elle, est plus parfait que celui du mariage : or il est évident que la perfection de la Réligion Chrétienne tend à la deſtruction du genre humain. Si les efforts, les diſcours des Prêtres réuſſiſ-ſoient, dans ſoixante ou quatre-vingt ans le genre humain ſeroit détruit. Cette Réli-gion peut-elle être de Dieu.

Eſt-il rien de ſi abſurde que de faire prier Dieu pour ſoi par des Prêtres, par des Moines, par d'autres perſonnes? On juge de Dieu, comme on juge des Rois.

Quel excès de folie de croire que Dieu nous a fait naître pour que nous ne faſſions que ce qui eſt contre Nature, que ce qui peut nous rendre malheureux dans ce monde; en exigeant que nous nous refu-ſions tout ce qui ſatisfait les ſens, les appé-tits qu'il nous à donnés! Que pourroit fai-re de plus un Tiran acharné à nous perſé-cuter depuis l'inſtant de ſa naiſſance juſqu'à celui de notre mort?

Pour être parfait Chrétien, il faut être ignorant, croire aveuglément, renoncer à tous les plaiſirs, aux honneurs, aux ri-cheſſes, abandonner ſes parens, ſes amis, garder ſa virginité, en un mot faire tout ce

qui eſt contraire à la Nature. Cependant
cette Nature n'opere ſûrement que par la
volonté de Dieu. Quelle contrariété la Réligion ſuppoſe dans un Etre infiniment juſte & bon!

Puiſque Dieu eſt le Créateur & le maître de toutes choſes, nous devons les employer toutes à l'uſage pour lequel il les
a faites, & nous en ſervir ſuivant la fin
qu'il s'eſt propoſée en les créant; autant
que par raiſon, par les ſentimens inté-
rieurs qu'il nous a donnés, nous pouvons
connoître ſon déſſein & ſon but, & les concilier avec l'intérêt de la ſociété établie
parmi les hommes, dans le Pays que nous
habitons.

L'homme n'eſt pas fait pour être oiſif:
il faut qu'il s'occupe à quelque choſe,
qui ait pour but ſon avantage particulier,
concilié avec le bien général. Dieu n'a pas
voulu ſeulement le bonheur de quelques
particuliers; il veut le bonheur de tous.
Nous devons donc nous rendre mutuellement tous les ſervices poſſibles, pouvu que

ces fervices ne détruifent pas quelques branches de la fociété établie : c'eft ce dernier point qui doit diriger nos actions. En confervant, dans ce que nous faifons, dans notre état, nous rempliffons tous nos devoirs ; le refte n'eft que chimere, qu'illufion, que préjugés.

Toutes les Réligions, fans en excepter aucune, font l'ouvrages des hommes ; il n'y en a point qui n'ait eu fes martyrs, fes prétendus miracles. Que prouvent de plus les nôtres, que ceux des autres Réligions.

Les Réligions ont d'abord été établies par la crainte : le tonnerre, les orages, les vents, la grêle, détruifoient les fruits, les grains qui nourriffoient les premiers hommes répandus fur la furface de la Terre. Leur impuiffance à parer ces événemens, les obligea à avoir recours aux prieres envers ce qu'ils reconnoiffoient être plus puiffant qu'eux, & qu'ils croyoient difpofé à les tourmenter. Par la fuite, des hommes ambitieux, de vaftes génies, de grands politiques, nés dans différends fié-

cles, dans diverfes Régions, ont tiré parti
de la crédulité des peuples, ont annoncé
des Dieux fouvent bifarres , fantafques ,
tyrans; ont établi des cultes, ont entrepris
de former des fociétés dont ils puffent devenir les Chefs, les Légiflateurs : ils ont
reconnu que, pour maintenir ces fociétés,
il étoit néceffaire que chacun de leurs
membres facrifiât fouvent fes paffions, fes
plaifirs particuliers au bonheur des autres.
Delà la néceffité de faire envifager un é-
quivalent de récompenfes à efpérer & de
peines à craindre , qui déterminaffent à
faire ces facrifices. Ces politiques imagi-
nerent donc les Réligions. Toutes promet-
tent des récompenfes & annoncent des peines , qui engagent une grande partie des
hommes à réfifter au penchant naturel
qu'ils ont de s'approprier le bien, la femme , la fille d'autrui : de fe venger , de
médire , de noircir la réputation de fon
prochain , afin de rendre la fienne plus
faillante. L'honneur fut affocie par la fui-
tes aux Réligions. Cet Etre auffi chiméri-

que qu'elles, auſſi utile au bonheur des ſo-
ciétés, & à celui de chaque particulier,
fut imaginé pour contenir dans les mêmes
bornes, & par les mêmes principes, un
certain nombre d'autres hommes.

Il y a un Dieu, Créateur & moteur de
tout ce qui exiſte, n'en doutons point; nous
faiſons partie de ce tout & nous n'agiſſons
qu'en conſéquence des premiers principes
du mouvement que Dieu lui a donné. Tout
eſt combiné & néceſſaire, rien n'eſt produit par le hazard. Trois dez, pouſſés par
un joueur, doivent infailliblement donner
tel ou tel point, eu égard à l'arrangement
des dez dans ſon cornet, à la force & au
mouvement donné. Le coup de dez eſt le
tableau de toutes les actions de notre vie.
Un dez en pouſſe un autre, auquel il im-
prime un mouvement néceſſaire; & de
mouvemens en mouvemens, il réſulte phy-
ſiquement un tel point. De même l'homme, par ſon premier mouvement, par ſa
premiere action, eſt déterminé invinciblement à une ſeconde, à une troiſiéme,

&c.   Car dire que l'homme veut une chofe parce qu'il la veut, c'eft ne rien dire, c'eft fuppofer que le néant produit un effet.   Il eft évident que c'eft un motif, une raifon qui le détermine à vouloir cette chofe : & de raifons en raifons, qui font déterminées les unes par les autres, la volonté de l'homme eft invinciblement néceffitée de faire telles & telles actions, pendant tout le cours de fa vie, dont la fin eft celle du coup de dez.

Aimons Dieu, non pas qu'il l'exige de nous, mais parce qu'il eft fouverainement bon ; & ne craignons que les hommes & leur loix. Refpectons ces loix, parce qu'elles font néceffaires au bien public, dont chacun de nous fait partie.

Voilà, Madame, ajouta l'Abbé T... ce que mon amitié pour vous m'a arraché fur le chapitre des Réligions. C'eft le fruit de vingt années de travail, de veilles & de méditations, pendant lefquelles j'ai cherché de bonne foi à diftinguer la vérité du menfonge.

Concluons donc , ma chere amie , que les plaifirs que nous goûtons vous & moi, font purs , font innocens , puifqu'ils ne bleffent ni Dieu , ni les hommes , par le fecret & la décence que nous mettons dans notre conduite. Sans ces deux conditions, je conviens que nous cauferions du fcandale & que nous ferions criminels envers la fociété : notre exemple pourroit féduire de jeunes cœurs deftinés par leurs familles, par leur naiffance à des emplois utiles au bien public, dont ils négligeroient peut-être de fe charger, pour ne fuivre que le torrent des plaifirs.

Mais, repliqua Madame C... fi nos plaifirs font innocens , comme je le conçois préfentement , pourquoi au contraire ne pas inftruire tout le monde de la maniere d'en goûter du même genre? Pourquoi ne pas communiquer le fruit que vous avez tiré de vos méditations métaphyfique, à nos amis, à nos concitoyens, puifque rien ne pourroit contribuer davantage à leur tranquillité & à leur bonheur? Ne m'avez-vous pas dit cent fois qu'il n'y a pas de plus grand plaisir que celui de faire des heureux ?

Je vous ai dit vrai, Madame, reprit l'Abbé; mais gardons-nous bien de réveler aux sots, des vérités qu'ils ne sentiroient pas, ou desquelles ils abuseroient. Elles ne doivent être connues que par gens qui sçavent penser, & dont les passions sont tellement en équilibre entr'elles, qu'ils ne sont subjugués par aucun. Cette espece d'hommes & de femmes est très-rare; de cent mille personnes, il n'y en a pas vingt qui s'accoûtume à penser; & de ces vingt, à peine en trouverez-vous quatre qui pensent en effet par elles-mêmes, ou qui ne soient pas emportées par quelque passion dominante. De-là il faut être extrêmement circonspect sur le genre de vérités que nous avons examiné aujourd'hui. Comme peu de personnes apperçoivent la nécessité qu'il y a de s'occuper du bonheur de ses voisins pour s'assurer de celui que l'on cherche soi-même, on doit donner à peu de personnes des preuves claires de l'insuffisance des Réligions, qui ne laissent pas de faire agir & de retenir un grand nombre d'hommes dans leurs devoirs, & dans l'observation des régles qui, dans le fond, ne sont utiles qu'au bien de la société, sous le voile de la Réligion, par la crainte des peines & l'espérance des recompenses éternelles, qu'elle leur annonce. Ce sont cette crainte & cette espérance qui guident les foibles; le nombre en est grand: ce sont l'honneur, les loix humaines, l'intérêt public qui guident les gens qui pensent; le nombre en est en vérité bien petit.

Dès que M. l'Abbé T . . . eut cessé de parler, Madame C... le remercia dans des termes qui marquoient toute sa satisfaction. Tu est adorable, mon cher ami, lui dit-elle, en lui sautant au col! Que je me trouve heureuse de connoître, d'aimer un homme qui pense aussi sainement que toi! Sois assûré que je n'abuserai jamais de ta confiance, & que je suivrai exactement la solidité de tes principes.

Après quelques baisers, qui furent encore donnés de part & d'autre, & qui m'énnuyerent beaucoup, à cause de la situation gênante où j'étois, mon pieux Directeur & sa docile Profélite descendirent dans la salle où l'on avoit coûtume de s'assembler. Je gagnai promptement ma chambre, où je m'enfermai. Un instant après on vint m'appeller de la part de Madame C... Je lui fis dire que je n'avois pas dormi de toute la nuit, & que je la priois de me laisser reposer encore quelques heures. J'employai ce temps à mettre par écrit tout ce que je venois d'entendre.

Nos jours s'écouloient dans cette campagne en témoignages réciproques d'amitié, lorsque ma mere vint subitement un matin m'annoncer que notre voyage de Paris étoit fixé pour le lendemain. Nous dinâmes encore ma mere & moi chez l'aimable Madame C... que je quittai en versant un torrent de larmes. Cette femme adorable, peut-être unique dans son espéce, m'accabla de caresses & me donna les conseils les plus sages , sans y méler des petitesses accablantes & inutiles. L'Abbé T... étoit allé dans une Ville voisine où il devoit passer huit jours. Je ne le vis point. Nous retournâmes coucher à Volnot. Tout étoit préparé pour notre voyage. Nous nous mîmes le lendemain dans une chaise qui nous voitura jusqu'à Lyon, d'où la Diligence nous conduisit à Paris.

J'ai dit que ma mere s'étoit déterminée à faire ce voyage, parce qu'il lui étoit dû une somme considérable par un Marchand de sa connoissance , & que du payement de cette somme dépendoit toute notre fortune. D'autre part ma mere étoit endettée, son comerce languissoit. Avant de partir de Volnot, elle avoit laissé toutes ses affaires entre les mains d'un Avocat son parent, qui acheva de les perdre. Ma mere apprit que tout étoit saisi chez elle, le même jour, que pour comble d'infortune, on vint lui annoncer que son débiteur de Paris, obéré & pressé trop vivement par une multitude de Créanciers, venoit de faire une banque-

route frauduleufe & complette. On ne réfifte pas à tant de chagrins à la fois; ma
pauvre mere y fuccomba, une fiévre mali-
gne l'emporta en huit jours.

Me voilà donc au milieu de Paris, livrée à moi-même, fans parens, fans amis,
jolie, à ce qu'on me difoit, inftruite à
bien des égards, mais fans connoiffance
des ufages du monde.

Ma mere avant de mourir, m'avoit remis une bourfe dans laquelle je trouvai
quatre cens louis d'or: étant d'ailleurs affez bien en linge & en habits, je me
croyois riche. Mon premier mouvement
fut cependant de me jetter dans un Mo-
naftere & de me faire Réligieufe; mais les
réflexions que je fit fur ce que j'avois fouf-
fert autrefois dans un pareil gîte, joints
aux confeils d'une Dame ma voifine, avec
qui j'avois ébauché un commencement de
connoiffance, me détourna de ce fatal
déffein.

Cette Dame, qui fe nommoit *Bois-
Laurier*, avoit un appartement à côté de

celui que j'occupois dans un Hôtel garni. Elle eut la complaisance de ne me presque point quitter pendant le premier mois, qui suivit la mort de ma mere, & je lui dois une reconnoissance éternelle des soins qu'elle se donna pour soulager l'affliction dont j'étois accablée. Madame de Bois-Laurier étoit, comme vous l'avez sçu, une de ces femmes que la nécessité avoit contrainte pendant sa jeunesse de servir au soulagement de l'incontinence du Public libertin, & qui, à l'exemple de tant d'autres, jeuoit alors *incognito* le rôle d'honnête femme, à l'aide d'une rente viagere qu'elle s'étoit assûrée de l'épargne de ses premiers travaux.

Cependant l'affliction qui me dévoroit, fit place aux réflexions. L'avenir me fit peur : je m'en ouvris à mon amie ; je lui confiai l'état de mes finances, & ce que j'envisageois d'affreux dans ma situation. Elle avoit un esprit solide & affermi par l'expérience. Que vous êtes peu sage, me dit-elle un matin, de vous inquiéter aussi

vivement d'un avenir qui n'eſt pas plus certain pour les plus riches, que pour les plus
pauvres, & qui doit vous paroître moins
critique qu'à un autre? Eſt-ce qu'avec du
mérite, une taille, une mine comme celle
que vous portez-là, une fille eſt jamais em-
barraſſée, pour peu qu'elle y joigne de
prudence & de conduite? Non, Made-
moiſelle; ne vous inquiétez point: je vous
trouverai ce qu'il vous faut, peut-être
même un bon mari; car il me paroît que
votre manie eſt de vouloir tâter du Sacrement. Hélas, ma pauvre enfant! Vous ne
connoiſſez gueres la juſte valeur de ce que
vous déſirez là, enfin laiſſez-moi faire:
une femme de quarante ans, qui a l'expérience d'une de cinquante, ſçait ce qui convient à une fille comme vous. Je vous ſer-
virai de mere, ajouta-t-elle, & de chape-
ron pour paroître dans le monde: des aujourd'hui je vous préſenterai à mon oncle
B... qui doit venir me voir; c'eſt un riche
Financier, un honnête homme, qui vous
trouvera bientôt un bon parti.

Je fautai au col de la Bois - Laurier que je remerciai de tout mon cœur, & j'avoue de bonne foi que le ton d'affûrance avec lequel elle me parloit, me perfuada que ma fortune étoit certaine.

Qu'une fille fans expérience, avec beaucoup d'amour propre, eft fotte ! Les leçons de l'Abbé T... m'avoient bien deffillé les yeux fur le rôle que nous devons jouer ici bas eu égard à Dieu & aux loix des hommes ; mais je n'avois aucune efpece de connoiffance de l'ufage du monde. Tout ce que je voyois, ce qu'on me difoit, me paroiffoit rempli de la probité que j'avois trouvée dans Madame C... & dans l'Abbé T... & je croyois le feul Dirrag un méchant homme. Pauvre innocente ! Que je me trompois groffierement !

Le Financier B... arriva chez Madame Bois-Laurier, vers les cinq heures du foir, On emploïa fans doute les premiers quarts d'heures de cette vifite à toute autre chofe qu'à s'entretenir de moi. La Niéce étoit trop fine pour ne pas mettre l'Oncle dans un état de tranquilité qui ne lui laiſſat rien à redouter de l'effet de mes charmes, qu'elle diſoit être dangereux. La beſogne fut longue. Vers les ſept heures je fus préſentée à Monſieur B . . . à qui je fis, en entrant, une profonde révérence ſans qu'il daignât ſe lever. Il me fit aſſeoir cependant ſur une chaiſe à côté d'un fauteuil dans lequel il étoit à demi-couché, pouſſant un gros ventre en avant, qui n'étoit couvert que de ſa chemiſe ; & il me reçut avec l'air & les manieres de la plûpart des gens de ſon état : tout m'en parut néanmoins admirable, juſqu'aux louanges qu'il donna à la fermeté de ma cuiſſe, ſur laquelle il appuya brutalement ſa main en ſerrant de toute ſa force, au point de me faire jetter un cri. Ma Niéce m'a parlé de vous, me dit-il, ſans faire attention à la douleur qu'il m'avoit cauſée : comment, diable? vous avez des yeux, des dents, une cuiſſe dure ! Oh ! nous feront quelque choſe de vous. Dès demain je vous fais diner avec un de mes confreres qui a de l'or plein

cette chambre; je connois son humeur, il
sera d'abord amoureux : ménagez-le ; je
vous réponds que c'est un bon vivant, dont
vous serez contente.　Adieu mes chers enfans, ajouta-t-il en se levant & boutonnant sa veste; embrassez-moi toutes deux,
& me regardez comme votre pere.　Toi,
ma Niéce, envoie dire à ma petite maison
qu'on nous y prépare à diner.

Aussitôt que notre Financier fut sorti,
Madame Bois-Laurier me témoigna com-
bien elle étoit charmée qu'il m'eût trouvée
de son goût.　C'est un homme sans façon,
me dit-elle, un cœur excellent & un ami
essentiel.　Laissez-moi faire : j'ai pris pour
vous une sincere amitié : suivez seulement
mes conseils, sur-tout ne faisons pas la bégueule, & je vous répond de votre fortune.

Je soupai avec mon nouveau Mentor qui
sonda adroitement qu'elle étoit ma façon
de penser & la conduite que j'avois tenue
jusqu'alors.

Son épanchement de cœur pour moi, excita le mien. Je jasai plus que je ne voulois.

On fut d'abord allarmé d'apprendre que je n'avois jamais eu d'amans ; mais on se rassura dès qu'on fut persuadé, par les réponses qu'on m'arracha finement, que je connoissois la valeur des plaisirs de l'amour, & que j'en avois tiré un honnête parti. La Bois-Laurier me baisa, me caressa : elle fit tout ce qu'elle put, pour m'engager à coucher avec elle. Je la remerciai, & je rentrai chez moi, l'esprit très - occupé de la bonne fortune qui m'attendoit.

Les Parisiennes sont vives & caressantes. Dès le lendemain matin mon obligeante voisine vint me proposer de me friser, de me servir de femme-de-chambre, de faire ma toilette ; mais le deuil de ma mere m'empêcha d'accepter ses offres, & je restai dans mon petit bonnet de nuit. La curieuse Bois-Laurier me fit mille polissoneries, & parcourut tous mes charmes, des yeux & de la main, en me donnant une chemise, qu'elle voulut me passer elle-même : mais, coquine ! me dit-elle par réflexion ; je crois que tu prens ta chemise sans avoir fait la

toilette à ton minon! Où eſt donc ton bidet? Je ne ſçai en vérité, lui répondi-je,
ce que vous voulez me dire, avec votre *bidet*. Comment, dit-elle! point de bidet!
Gardes-toi bien de te vanter d'avoir manqué d'un meuble qui eſt auſſi néceſſaire à
une fille du bon air, que ſa propre chemiſe.
Pour aujourd'hui, je veux bien te prêter le
mien; mais demain, ſans plus tarder, ſon-
ge à l'emplette d'un bidet. Celui de la
Bois-Laurier fut donc apporté ; elle me
campa deſſus, & malgré tout ce que je pus
dire & faire, cette femme officieuſe, tout
en riant comme une folle, lava elle-même
abondament ce qu'elle nommoit mon *minon*.
L'eau de lavande ne lui fut pas épargnée.
Que je ſoupçonnois peu la fête qui lui étoit
préparée & le motif de cet exaɛt *lavabo*!

Vers le midi un honnête fiacre nous
conduiſit à la petite maiſon de M. B... où
il nous attendoit avec M. R... ſon confrere
& ſon ami. Celui-ci étoit un homme de
trente-huit à quarante ans, d'une figure
aſſez paſſable, richement habillé, affec-

tant de montrer tour-à-tour ſes bagues, ſes tabatieres, ſes étuis, jouant l'homme d'importance. Il daigna néanmoins s'approcher de moi, & me prenant par les mains, en me conſidérant attentivement face-à-face, elle eſt parbleu jolie, s'écria-t-il ! d'honneur elle eſt charmante, & je veux en faire ma petite femme. Oh! Monſieur, vous me faites bien de l'honneur, repliquai-je, & ſi... non, non, reprit-il, ne vous embarraſſez de rien, j'arrangerai tout cela de façon que vous ſerez contente.

On annonça qu'on avoit ſervi, on ſe mit à table. La Bois-Laurier, qui connoiſſoit le jargon, les propos uſités dans ces ſortes de repas, y fut charmante. Elle eut beau m'agacer, j'étois totalement déplacée, je ne diſois mot, ou ſi je parlois, c'étoit dans des termes qui parurent ſi mauſſades aux deux Financiers, que la premiere vivacité de R... ſe perdit: il me regardoit avec des grands yeux qui annonçoient l'idée qu'il concevoit de mon eſprit: on ne paroît ordinairement en avoir qu'avec les

perſonnes qui penſent & qui agiſſent comme nous. Cependant quelques verres de
vin de Champagne réparerent bientôt,
dans l'imagination de R... les torts que la
ſtérilité de ma converſation y avoient faits.

Il devint plus preſſant, & moi plus docile. Son air d'aiſance m'en impoſa : ſes mains
larroneſſes voltigeoient un peu partout ;
& la crainte de manquer à des égards que
je croyois d'uſage m'empéchoit d'oſer lui
en impoſer ſérieuſement. Je me croyoit
d'autant plus autoriſée à laiſſer aller les
choſes leur train que je voyois ſur un ſopha,
à l'autre bout de la ſalle, M. B... parcourant encore un peu plus cavalierement les
appas de Madame ſa Niéce. Enfin je me
défendis ſi mal des petites entrepriſes de
R... qu'il ne douta pas de réuſſir, s'il en
tenoit de plus ſérieuſes. Il me propoſa de
paſſer ſur un lit de repos qui faiſoit face
au ſopha. Je le veux bien, Monſieur, lui
dis-je bonnement ; je penſe que nous fe-
rons mieux, & je crains que vous ne vous
fatiguiez trop dans la ſituation où vous ê-

tes-là à mes genoux (il venoit en effet de s'y mettre.) Aussi-tôt il se leve, & me porte sur le petit lit.

Dans ce mouvement, je m'apperçus que M. B... & sa Niéce sortoient de l'appartement: je voulus me relever pour les suivre; mais l'entreprenant R... me disant en quatre mots qu'il m'aimoit à la folie, & qu'il vouloit faire ma fortune, avoit troussé d'une main ma chemise jusques à la ceinture, & de l'autre sortoit de sa culotte un membre roide & nerveux: son genoux étoit passé entre mes cuisses qu'il ouvroit le plus qu'il lui étoit possible, & il se disposoit à assouvir sa brutalité, lorsque portant les yeux sur le monstre dont j'étois ménacée, je reconnus qu'il avoit à peu près la même phisionomie que le goupillon dont le Pere Dirrag se servoit pour chasser l'esprit immonde, du corps de ses Pénitentes. Je me souvins, en ce moment, de tout le danger que M. l'Abbé T... m'avoit fait envisager dans la nature de l'opération dont j'étois ménacée. Ma docilité se chan-

gea fur le champ en fureur; je faifis le redoutable R... à la cravate, & le bras tendu, je le teins dans une pofture qui le
mit hors d'état de prendre celle qu'il s'ef-
forçoit de gagner. Alors tenant la vûë fixée, de peur de furprife, fur la tête de
l'ennemi dont je craignois l'enfilure, j'ap-
pellai de toutes mes forces à mon fecours
Madame Bois-Laurier, qui, de moitié ou
non des projets de R.... ne put fe difpenfer
d'accourir & de blâmer fon procédé. Fu-
rieufe de l'affront que je venois de recevoir
de la part de R... j'étois au moment de lui
arracher les yeux; je lui reprochois fa témérité dans les termes les plus vifs. B....
avoit joint la Bois-Laurier: tous deux enfemble ne retenoient qu'avec peine les efforts que je faifois pour leur échapper &
tomber fur R... lorfque celui-ci, après a-
voir remis tranquillement le meuble critique dans fon gîte, rompit tout-à-coup le
filence par un éclat de rire défordonné.
Parbleu, la petite Provinciale, dit-il, en
affeЄtant le mauvais plaifant! convenez

que je vous ai fait grande peur : vous avez
dont crû férieufement que je voulois.....?
Oh! la finguliere chofe qu'une fille de Province, qui n'a pas le foupçon des ufages du
beau monde! Imagines-toi, mon cher B...
continua-t-il, que j'ai couché Mademoifelle fur le lit, j'ai levé fes jupes, je lui ai
montré mon..... la petite bégueule ne s'eft-
elle pas imaginée qu'il y avoit quelque chofe d'irrégulier dans ce procédé ? Elle fait *du
lutin* ; vous êtes venus, voilà toute l'hiftoire qui met ce bel enfant dans les convul-
fions que vous voyez : n'y a-t-il pas là de
quoi mourir de rire, ajouta-t-il en redou-
blant fes éclats ? Mais, la Bois-Laurier !
reprit-il tout-à-coup avec un grand fé-
rieux : je vous prie de ne me plus mettre
avec de pareilles fottes ; je ne fuis point fait
pour être Maître d'Ecole, ni Profeffeur
de civilité ; & vous ferez fort bien d'apprendre à vivre à Mademeifelle, avant de
la préfenter en compagnie de gens comme
B... & moi.

Les bras, je vous l'avoue, m'étoient

tombés pendant cette finguliere harangue. J'écoutois R... la bouche béante; je le regardois avec des yeux hébêtés, & je ne difois mot.

B... difparut avec R... fans que, pour ainfi dire, je m'en apperçuffe; & je reftai, comme une ftupide, entre les bras de la Bois-Laurier, qui marmottoit auffi entre fes dents certains petits mots qui vifoient à me faire entendre que je ne laiffois pas d'avoir quelque tort Nous montâmes dans notre fiacre, & nous retournâmes chez nous.

Je ne refiftai pas long-temps à l'agitation de mes fens. En arrivant je verfai un torrent de larmes. Ma chafte compagne, qui n'étoit pas tranquille fur les idées qui me refteroient de mon avanture, ne me quitta point: elle chercha à me perfuader que les hommes étoient toujours curieux de fonder jufqu'à quel point une fille qu'il ont en vûë d'époufer, connoît les plaifirs de l'amour. La conclufion de ce beau raifonnement fut que la prudence auroit dû

m'engager à affecter plus d'ignorance &
qu'elle voyoit avec chagrin que ma vivacité m'avoit peut-être fait manquer ma
fortune. Je lui répondis avec feu que je
n'étois pas affez peu inftruite pour ignorer
ce que l'indigne R... vouloit faire de moi.
J'ajoutai affez féchement que la plus haute fortune ne me tenteroit jamais à ce prix-
là. Emportée par mon agitation, je lui
contai enfuite ce que j'avois vû du Pere
Dirrag & de Mademoifelle Eradice, les
leçons que j'avois reçues à ce fujet de M.
l'Abbé T... & de Madame C... enfin de
propos en propos, la rufée Bois-Laurier
fçut tirer de moi toute mon hiftoire. Ce
détail la fit changer de ton ; fi je lui avois
paru peu inftruite des manieres, des ufages du monde, elle ne fut pas peu furprife
de mes lumieres dans la Morale, la Métaphyfique & la Réligion.

La Bois-Laurier a le cœur excellent.
Que je fuis enchantée, me dit-elle en
m'embraffant étroitement, de connoître
une fille telle que toi. Tu viens de me des-

filer les yeux fur des myfteres qui faifoient tout le malheur de ma vie : les réflexions qui je ne ceffois de faire fur ma conduite paffée , en troubloient le repos ! Qui eft-ce qui devoit plus apréhender que moi les châtimens dont on nous ménace pour des crimes que tu m'as démontré être involontaires ? Le commencement de ma vie a été un tiffu d'horreurs ; mais quoiqu'il en coûte à mon amour propre, je te dois confidence pour confidence , leçon pour leçon. Ecoute donc ma chere Thérefe , le récit de mes avantures, en t'inftruifant des caprices des hommes , qu'il eft bon que tu connoiffe pour contribuer auffi à te confirmer qu'en effet le vice & la vertu dépendoient du tempéramment & de l'éducation. Et tout de fuite cette femme commença ainfi fon hiftoire.

Fin de la premiere Partie.

THERESE

PHILOSOPHE,

OU

MÉMOIRES

Pour servir à l'Histoire du P. Dirrag, & de
Mademoiselle Éradice.

SECONDE PARTIE.

A LA HAYE.

HISTOIRE

DE

MADAME

BOIS-LAURIER.

Tu vois en moi, ma chere Thérefe, un Etre fingulier. Je ne fuis ni homme, ni femme, ni fille, ni veuve, ni mariée. J'ai été une libertine de profeffion, & je fuis encore pucelle. Sur un pareil début, tu me prens fans doute pour une folle ; un peu de patience, je te prie, tu auras le mot de l'énigme. La nature capricieufe à mon égard a femé d'obftacles infurmontables la route des plaifirs qui font paffer une fille de fon état à celui de femme : une membrane nerveufe en ferme l'avénue avec affez d'exactitude pour que le trait le plus délié que l'amour ait jamais eu dans fon carquois n'ait pu atteindre le but, & ce qui te furprendra davantage, on n'a jamais pû me déterminer à subir l'opération qui pouvoit me rendre habile aux plaisirs, quoique pour vaincre ma répugnance on me citàt à chaque instant l'exemple d'une infinité de filles qui, dans le même cas, s'étoient soumises à cette épreuve. Destinée dès ma plus tendre enfance à l'état de Courtisanne, ce défaut, qui sembloit devoir être l'écueil de ma fortune dans ce honteux métier, en a été au contraire le principal mobile. Tu comprens donc que lorsque je t'ai dit que mes avantures t'instruiroient des caprices des hommes, je n'ai pas entendu parler des différentes attitudes que la volupté leur fait varier, pour ainsi dire à l'infini, dans leurs embrassemens réels avec les femmes: toutes les nuances des attitudes galantes ont été traitées avec tant d'énergie par le célébre Pierre Arétin, qui vivoit dans le quinziéme siécle, qu'il n'en reste rien à dire aujourd'hui. Il n'est donc question, dans ce que j'ai à t'apprendre, que de ces goûts de fantaisie, de ces complaisances bisarres, que quantité d'hommes exigent de nous, & qui, par prédilection ou par certain défaut de conformation, leur tiennent lieu d'une jouiſſance parfaite.   J'entre préſentement en matiere.

Je n'ai jamais connu mon pere ni ma mere. Une femme de Paris, nommée la Lefort, logée bourgeoiſement, chez laquelle j'avois été élevée, comme étant ſa fille: me tira un jour myſtérieuſement en particulier, pour me dire ce que tu vas entendre.   (J'avois alors quinze ans.)

Vous n'êtes point ma fille, me dit Madame Lefort: il eſt temps que je vous inſtruiſe de votre état.   A l'âge de ſix ans, vous étiez égarée dans les rues de Paris: je vous ai retirée chez moi, nourrie & entretenue charitablement juſques à ce jour, ſans avoir jamais pu découvrir quels ſont vos parens, quelques ſoins que je me ſois donné pour cela.

Vous avez dû vous appercevoir que je ne ſuis pas riche, quoique je n'aie rien négligé pour votre éducation. C'eſt à vous pré-

fentement à être vous-même l'inftrument
de votre fortune. Voici, ajouta-t-elle,
ce qui me refte à vous propofer pour y parvenir. Vous êtes bien faite, jolie, plus
formée que ne l'eft ordinairement une fille
de votre âge. Monfieur le Préfident de***
mon protecteur & mon voifin eft amoureux de vous : il s'eft déterminé à vous faire plaifir & à vous entretenir honnêtement,
pourvu que de votre part vous ayez pour
lui toutes les complaifances qu'il exigera
de vous. Voyez, Manon, ce que vous
voulez que je lui dife ; mais je ne dois pas
vous taire, que fi vous n'acceptez pas fans
reftriction les offres qu'il m'a chargé de
vous faire, il faut vous déterminer à quitter ma maifon dès aujourd'hui, parce que
je fuis hors d'état de vous nourrir & de
vous habiller plus long-temps.

Cette confidence accablante & la conclufion de Madame Lefort, qui l'accom-
pagnoit, me glaça d'effroi. J'eus recours
aux larmes. Point de quartier ; il fallut me
décider. Après quelques explications pré-

liminaires, je promis de faire tout ce qu’on exigeoit; au moyen dequoi Madame Lefort m’affura qu’elle me conferveroit toujours les foins & le doux mon de mere.

Le lendemain matin elle m’inftruifit amplement des devoirs de l’état que j’allois embraffer & des procédés particuliers qu’il convenoit que j’euffe avec M. le Préfident. Enfuite elle me fit mettre toute nuë, me lava le corps du haut en bas, me frifa, me coëffa, & me revêtit d’habits beaucoup plus propres que ceux que j’avois coutume de porter.

A quatre heures après midi, nous fûmes introduites chez M. le Préfident. C’étoit un grand homme fec, dont le vifage jaune & ridé étoit enfoui dans une très longue & très-ample perruque quarrée. Ce respectable perfonnage, après nous avoir fait affeoir, dit gravement, en adreffant la parole à ma mere: voilà donc la petite perfonne en queftion? Elle eft affez bien: je vous avois toujours dit qu’elle avoit des difpofitions à devenir jolie & bien faite;

& jufques à préfent ce n'eft pas de l'argent mal employé : mais êtes-vous fûre au moins qu'elle a fon pucelage, ajouta-t-il ? voyons un peu, Madame Lefort. Auffi-tôt ma bonne mere me fit affeoir fur le bord d'un lit ; & me couchant renverfée fur le dos, elle releva ma chemife & fe difpofoit à m'ouvrir les cuiffes, lorfque M. le Préfi-dent lui dit d'un ton brufque ; hé ! ce n'eft pas cela, Madame ; les femmes ont tou-jours la manie de montrer des devants : hé, non ! faites tourner... Ah ! Monfeigneur, je vous demande pardon, s'écria ma mere ; je croyois que vous vouliez voir.... Ça ; le-vez-vous, Manon, me dit-elle ; mettez un genoux fur cette chaife, & inclinez le corps le plus que vous pourrez. Moi, fem-blable à une victime, les yeux baiffés, je fis ce qu'on me prefcrivoit. Ma digne mere me trouffa dans cette attitude jufques aux hanches ; & M. le Préfident s'étant appro-ché, je fentis qu'elle ouvroit les lévres de mon * * *, entre lefquelles Monfeigneur tentoit d'introduire le doigt, en tâchant,

mais inutillement , de pénétrer.   Cela eſt
fort bien , dit-il à ma mere , & je ſuis content: je vois qu'elle eſt ſûrement pucelle.
Préſentement faites - la tenir ferme dans
l'attitude où elle eſt : occupez-vous à lui
donner quelques petits coups de votre main
ſur les feſſes.   Cet arrêt fut exécuté.   Un
profond ſilence ſuccéda.   Ma mere ſoute-
noit de la main gauche mes juppes & ma
chemiſe élevées , tandis qu'elle me féſſoit
légerement de la droite.   Curieuſe de voir
ce qui ſe paſſoit de la part du Préſident, je
tournai tant ſoit peu la tête, je l'apperçus
poſté à deux pas de mon derriere, un genoux en terre, tenant d'une main ſa lor-
gnette braquée ſur mon poſtérieur , & de
l'autre ſecouant entre ſes cuiſſes quelque
choſe de noir & de flaſque, que tous ſes
efforts ne pouvoient faire guinder.   Je ne
ſçai s'il finit ou non ſa beſogne; mais enfin
après un quart d'heure d'une attitude que
je ne pouvois plus ſupporter , Monſeigneur
ſe leva , & gagna ſon fauteuil , en vacil-
lant ſur ſes vieilles jambes étiques.   Il don-

na à ma mere une bourfe dans laquelle il lui dit qu'elle trouveroit les cent louis d'or promis ; & après m'avoir honoré d'un bai- fer fur la jouë, il m'annonça qu'il auroit foin que rien ne me manquât, pourvu que je fuffe fage ; & qu'il me feroit avertir lorf- qu'il auroit befoin de moi.

Dès que nous fûmes rentrées au logis ma mere & moi, continua Madame Bois- Laurier, je fis d'auffi férieufes réflexions fur ce que j'avois appris & vû depuis vingt- quatre heures, que celles que vous fites en- fuite de la fuftigation de Madelle. Eradice par le Pere Dirrag. Je me rappellois tout ce qui s'étoit dit & fait dans la maifon de Madame Lefort depuis mon enfance, & je raffemblois mes idées pour en tirer quel- que conclufion raifonnable, lorfque ma mere entra & mit fin à mes rêveries. Je n'ai plus rien à te cacher, ma cher Manon, me dit-elle en m'embraffant, puifque te voilà affociée aux devoirs d'un métier que j'exerce avec quelque diftinction depuis vingt ans. Ecoute-donc attentivement ce

que j'ai encore à te dire ; & par ta docilité
à fuivre mes confeils , mets - toi en état de
réparer le tort que te fait le Préfident C'eft
par fes ordre, continua ma mere, que je
t'ai enlevée il y a huit ans. Il m'a payé depuis ce temps une penfion très - modique,
que j'ai bien employée & au-de-là pour
ton éducation. Il m'avoit promis qu'il nous
donneroit à chacune cent louis , lorfque
ton âge lui permettroit de prendre ton pucelage ; mais fi ce vieux paillard à compté
fans fon hôte, fi fon viel outil, roüillé, ridé & ufé, le met hors d'état de tenter cette avanture , eft - ce notre faute? Cependant il ne m'a donné que les cent louis qui
me regardent ; mais ne t'inquiéte pas , ma
chere Manon , je t'en ferai gagner bien
d'autres. Tu es jeune, jolie, point connuë :
je vais , pour te faire plaifir , employer
cette fomme à te bien nipper ; & fi tu veux
te laiffer conduire, je te ferai faire à toi
feule le profit que faifoient ci - devant dix
ou douze Demoifelles de mes amies.

Après mille autres propos de cette efpece , à travers lefquels j'apperçus que ma bonne maman débutoit par s'aproprier les cent louis donnés par le Préfident, les conditions de notre traité, furent qu'elle commenceroit par m'avancer cet argent qu'elle retireroit fur le produit de mes premiers travaux journaliers & qu'enfuite nous partagerions confcientieufement les profits de la Société.

La Lefort avoit un fond inépuifable de bonnes connoiffances dans Paris. En moins de fix femaines, je fus préfentée à plus de vingt de fes amis, qui échouérent fucceffivement au projet de recueillir les prémices de ma virginité. Heureufement que par le bon ordre que Madame Lefort tenoit dans la conduite de fes affaires, elle avoit exactement foin de fe faire payer d'avance les plaifirs d'un travail qui étoit impraticable. Je crus même un jour qu'un gros Docteur de Sorbonne, qui s'obftinoit à vouloir gagner les dix louis qu'il avoit financé, y mourroit à la peine, ou qu'il me *defenchanteroit*.

Ces vingt Athletes furent fuivis de plus de cinq cens autres, pendant j'efpace de cinq ans. Le Clergé, l'Epée, la Robe & la Finance, me placerent tour-à-tour dans les attitudes les plus recherchées : foins inutiles; le facrifice fe faifoit à la porte du Temple, ou bien la pointe du couteau s'é-mouffant, la victime ne pouvoit être im-molée

Enfin la folidité de mon pucelage fit trop de buit, & parvint aux oreilles de la Police, qui parut vouloir faire ceffer le progrès des épreuves. J'en fus avertie à temps; & nous jugeâmes, Madame Lefort & moi, que la prudence exigeoit que nous fiffions une petite éclipfe à trente lieues de Paris.

Au bout de trois mois le feu s'appaifa. Un Exempt de cette même Police, com-pere & ami de Madame Lefort, fe char-gea de calmer les efprits, moyennant une fomme de douze louis d'or que nous lui fi-mes compter. Nous retournâmes à Paris a-vec de nouveaux projets.

Me mere, qui avoit infifté long-temps fur ce que l'opération du *biftouri* me fut faite, avoit bien changé de fyftême ; elle trouvoit dans la difformité de ma conformation un fond inaltérable qui produifoit un gros revenu fans être cultivé, fans craindre des *Orvales*, point d'enfans, point de *Rhumes Ecléfiaftiques* à redouter. Quant à mes plaifirs, je me repaiffois, ma chere Thérefe, par néceffité, de ceux dont tu fçais te contenter par raifon.

Cependant, pourfuivit la Bois-Laurier, nous prîmes de nouvelles allures, & nous guidâmes fur de nouveaux principes. En arrivant de notre exil volontaire, notre premier foin fut de changer de quartier ; & fans dire mot au Préfident, nous nous tranfplantâmes dans le Fauxbourg S. Germain.

La premiere connoiffance que j'y fis, fut celle d'une certaine Baronne, qui après avoir pendant fa jeuneffe travaillé utilement & de concert avec une Comteffe fa fœur, aux plaifirs de la jeuneffe libertine, étoit devenue directrice de la maison d'un riche Américain, à qui elle prodiguoit les débris de ses appas surannés qu'il payoit bien au-de-là de leur juste valeur. Un autre Américain, ami de celui-ci, me vit & m'aima : nous nous arrangeâmes. La confidence que je lui fis du cas où j'étois, l'enchanta, au lieu de le rebuter. Le pauvre homme sortoit d'entre les mains du célébre Petit : il sentoit qu'entre les miennes, il étoit assuré de ne pas craindre la rechûte. Mon nouvel amant d'*Outremer* avoit fait vœu de se borner aux plaisirs de la *petite oye* ; mais il mêloit dans l'exécution un tic singulier. Son goût étoit de me placer assise à côté de lui sur un sopha, découverte jusques au-dessus du nombril ; & tandis que j'empoignois & que je donnois de légeres secousses au rejetton de la racine du genre humain il falloit que j'eusse la complaisance de souffrir qu'une femme de chambre qu'il m'avoit donné, s'occupât à couper quelques poils de ma toison. Sans ce bisarre appareil, je crois que la vigueur

de dix bras comme le mien, ne fût pas venue à bout de guinder la machine de mon
homme, & encore moins d'en tirer une
goutte d'*Elixir*.

Du nombre de ces hommes à fantaifie,
étoit l'amant de Minette troifiéme fœur de
la Baronne. Cette fille avoit de beaux
yeux, elle étoit grande, affez bien faite,
mais laide, noire, féche, minaudiere,
jouant l'efprit & les fentimens fans avoir ni
l'un ni l'autre. La beauté de fa voix lui
avoit procuré fucceffivement nombre d'a-
dorateurs. Celui qui étoit alors en fonctions, n'étoit ému que par ce talent; & les
feuls accens de la voix mélodieufe de cet
Orphée fémelle avoient la vertu d'ébran-
ler la machine de cet amant & de l'exciter
au plus grand des plaifirs.

Un jour après avoir fait entre nous trois
un ample dîner libertin, pendant lequel
on avoit chanté, on m'avoit plaifanté fur
la difformité de mon... on avoit dit & fait
toutes les folies imaginables, nous nous
culbutâmes fur un grand lit, là nos appas

font étalés, les miens font trouvés admirables pour la perspective, l'amant se met en train; il campe Minette sur le bord du lit, la trousse, l'enfile & la prie de chanter. La docile Minette, après un petit prélude, entonne un air de mouvement à trois temps coupés; l'amant part, pousse & repousse toujours en mesure; ses lévres semblent battre les cadences, tandis que ses coups de fesses marquent les temps. Je regarde, j'écoute, en riant aux larmes, couchée sur le même lit. Tout alloit bien jusques-là, lorsque la voluptueuse Minette, venant à prendre plaisir au cas, chante faux, détonne, perd la mesure : un *bémol* est substitué à un *Bquarre*. Ah! chienne, s'écrie sur le champ notre Zélateur de la bonne musique! Tu as déchiré mon oreille: ce faux ton à pénétré jusqu'à la cheville ouvriere, elle se détraque: tiens, dit-il en se retirant; regarde l'effet de ton maudit *bémol*. Hélas! le pauvre diable étoit devenu *mol*, le meuble qui battoit la mesure n'étoit plus qu'un chiffon.

Mon amie défefpérée fit des efforts incroyables pour ranimer fon acteur ; mais les plus tendres baifers, les attouchemens les plus lafcifs furent employés envain. Ils ne purent rendre l'élafticité à la partie languiffante. Ah ! mon cher ami, s'écriat-elle, ne m'abandonne pas : c'eft mon amour pour toi, c'eft le plaifir qui a dérangé mon organe : me quitteras-tu dans cet heureux moment ? Manon ! ma chere Manon ! fecoure-moi : montre-lui ta petite moniche ; elle lui rendra la vie, elle me la rendra à moi-même ; car je meurs s'il ne finit. Place-là, mon cher Bibi, dit-elle à fon amant, dans l'attitude voluptueufe où tu mets quelquefois la Comteffe ma fœur ; l'amitié de Manon pour moi répond de fa complaifance.

Pendant toute cette finguliere fcène, je n'avois ceffé de rire jufqu'à perdre la refpiration. En effet, a-t-on jamais vu faire pareille befogne en chantant, & battre la mefure avec un pareil outil, & jamais at'on pû imaginer qu'un *bémol* au lieu d'un

Bquarre dût faire ratter & rentrer auſſi ſu-
bitement un homme en lui-même.

Je concevois bien que la ſœur de la Baronne ſe prêtoit à tout ce qui pouvoit plaire à ſon amant , moins par volupté que
pour le retenir dans ſes liens par des com-
plaiſances qu'elle lui faiſoit payer chere-
ment ; mais j'ignorois encore quel avoit
été le rôle de la Comteſſe que l'on me prioit
de doubler. Je fus bien-tôt éclaircie : voici
quel il fut.

Les deux amans me couchent ſur le ventre , ſous lequel ils mettent trois ou quatre couſſins qui tiennent mes feſſes élevées :
puis ils me trouſſent juſqu'au - deſſus des
hanches, la tête appuyée ſur le chevet du
lit. Minette s'étend ſur le dos, place ſa tête entre mes cuiſſes, ma toiſon jointe à ſon
front , auquel elle ſervoit comme de tou-
pet. Bibi leve les juppes & la chemiſe de
Minette, ſe couche ſur elle & ſe ſoutient
ſur les bras. Remarque, ma chere Théreſe , que dans cette attitude, M. Bibi a-
voit pour perſpective à quatre doigts de

ſon nez, le viſage de ſon amante, ma toiſon, mes feſſes & le reſte. Pour cette fois
il ſe paſſa de muſique : il baiſoit indiſtinctement tout ce qui ſe préſentoit devant lui,
viſage, cul, bouche, & nulle préférence
marquée, tout lui étoit égal : ſon dard
guidé par la main de Minette, reprit bientôt ſon élaſticité & rentra dans ſon premier gîte. Ce fut alors que les grands coups
ſe donnerent : l'amant pouſſoit, Minette
juroit, mordoit, remuoit la charniere avec
une agilité ſans égale ; pour moi je continuois de rire aux larmes, en regardant de
tous mes yeux la beſogne qui ſe faiſoit derriere moi. Enfin après un aſſez long travail, les deux amans ſe pâmerent & nage-
rent dans une mer de délices.

Quelque temps après, je fut introduite
chez un Evêque, dont la manie étoit plus
bruyante, plus dangereuſe pour le ſcandale
& pour le timpan de l'oreille le mieux orga-
niſé. Imagine-toi que, ſoit par un goût
de prédilection, ſoit par un défaut d'organiſation, dès que ſa Grandeur ſentoit les

approches du plaifir, elle mugiffoit, &
crioit à haute voix *haï! haï! haï* en forçant
le ton à proportion de la vivacité du plaifir dont il étoit effecté; deforte que l'on auroit pû calculer les gradations du chatouillement que reffentoit le gros & ample Pré-
lat, par les dégrés de force qu'il employoit
à mugir *haï! haï! haï!* Tapage qui, lors
de la décharge de Monfeigneur, auroit pû
être entendu à mille pas à la ronde, fans la
précaution que fon valet de chambre pre-
noit de matelaffer les portes & les fénêtres
de l'appartement Epifcopal.

Je ne finirois pas, fi je te faifois le tableau de tous les goûts bifarres, des fingu-
larités que j'ai connu chez les hommes, indépendamment des diverfes poftures qu'ils
exigent des femmes dans le *coït.*

Un jour je fus introduite par une petite
porte de derriere chez un homme de nom
& fort riche, à qui, depuis cinquante ans,
tous les matins une fille nouvelle pour lui,
rendoit pareille vifite. Il m'ouvrit lui-même la porte de fon appartement. Prévenue

de l'*étiquette* qui s'obſervoit chez ce paillard d'habitude, dès que je fus entrée, je quittai robbe & chemiſe. Ainſi nuë, j'allai lui préſenter mes feſſes à baiſer dans un fauteuil où il étoit gravement aſſis. Cours donc vîte, ma fille, me dit-il tenant d'une main ſon paquet qu'il ſecouoit de toute ſa force, & de l'autre une poignée de verges dont mes feſſes étoient ſimplement menacées. Je me mets à courir, il me ſuit : nous faiſons cinq à ſix tours de chambre, lui criant comme un diable, cours donc, coquine, cours donc.   Enfin il tombe pâmé dans ſon fauteuil ; je me r'habille, il me donne deux louis & je ſors.

Un autre me plaçoit aſſiſe ſur le bord d'une chaiſe, découverte juſqu'à la ceinture.   Dans cette poſture, il falloit que par complaiſance, quelquefois auſſi par goût, je me ſerviſſe du frottement de la tête d'un *godemichi*, pour me provoquer au plaiſir. Lui, poſté dans la même attitude vis-à-vis de moi à l'autre extrémité de la chambre, travailloit de la main à la même beſogne,

ayant les yeux fixés fur mes mouvemens , & fingulierement attentif à ne terminer fon opération , que lorfqu'il appercevoit que ma langueur annonçoit le comble de la volupté.

Un troifiéme (c'étoit un vieux Médecin) ne donnoit aucun figne de virilité, qu'au moyen de cent coups de fouet que je lui appliquois fur les feffes, tandis qu'une de mes compagnes, à genoux devant lui, la gorge nuë, travailloit avec fes mains à dis poſer le nerf érecteur de cet *Efculape* mo-derne, d'où exhaloient enfin les efprits qui, par la fuftigation, mis en mouvement, a-voient été forcés de fe porter dans la région inférieure. C'eft ainfi que nous le difpo-fions, ma camarade & moi, par ces diffé-rentes opérations, à répandre le baume de vie. Tel étoit le méchanique par lequel ce Docteur nous affûroit qu'on pouvoit reftau-rer un homme ufé, un impuiffant, & faire concevoir une femme ftérile.

Un quatriéme (c'éteit un voluptueux Courtifan, ufé de débauches,) me fit ve-

nir chez lui avec une de mes compagnes.
Nous le trouvâmes dans un cabinet envi-
ronné de glaces de toute part, difposées de
maniere que toutes faifoient face à un lit de
repos de velours cramoifi, qui étoit placé
dans le milieu.   Vous étes des Dames charmantes, adorables, nous dit affectueufe-
ment le Courtifant : cependant vous ne
trouverez pas mauvais que je n'aie pas
l'honneur de vous..... ce fera, fi vous le
trouvez bon, un de mes Valets-de-Cham-
bre, garçon beau & bienfait, qui aura
celui de vous amufer.   Que voulez-vous,
mes beaux enfans, ajouta-t-il ! Il faut fçavoir aimer fes amis avec leurs défauts ; &
j'ai celui de ne goûter de plaifir, que par
l'idée que je me forme de ceux que je vois
prendre aux autres.   D'ailleurs, chacun fe
mêle de....... Eh ! ne feroit-il pas pitoyable
que gens comme moi, foyons les finges
d'un gros vilain payfan.   Après ce difcours
préliminaire, prononcé d'un ton mielleux,
il fit entrer fon Valet-de-Chambre, qui
parut en petite vefte courte de fatin cou-

leur de chair , en habit de combat. Ma Camarade fut couché fur le lit de repos, bien & duëment trouffée par le Valet-de-Chambre, qui m'aida enfuite à me deshabiller nuë de la ceinture en haut. Tout étoit compaffé & fe faifoit avec mefure. Le Maître dans un fauteuil examinoit, & tenoit fon inftrument mollet à la main. Le Valet - de - Chambre au contraire, qui avoit defcendu fes culottes jufques fur fes genoux & tourné le bas de fa chemife autour de fes reins, en laiffoit voir un des plus brillans. Il n'attendoit pour agir que les ordres de fon Maître, qui lui annonça qu'il pouvoit commencer. Auffi-tôt le fortuné Valet-de-Chambre grimpe ma Camarade, l'enfile & refte immobile. Les feffes de celui - ci étoient découvertes. Prenez la peine, Mademoifelle, dit notre Courtifan , de vous placer à l'autre côté du lit, & de chatouiller cette ample paire de C..... qui pendent entre les cuiffes de mon homme, qui eft, comme vous voyez, un fort honnête *Lorrain.* Cela exécuté de ma part, nuë, com-

me je vous ai dit, de la ceinture en haut,
l'ordonnateur de la fête dit à son Valet-de-
Chambre qu'il pouvoit aller son train   Celui ci pousse sur le champ, & repousse avec
une mobilité de fesses admirable: ma main
suit leurs mouvemens, ne quitte point les
deux énormes *verrues*. Le Maître parcourt
des yeux ses miroirs qui lui rendent des tableaux diversifiés selon le côté dont les objets sont réfléchis.   Il vint à bout de faire
roidir son instrument qu'il secoue avec vigueur: il sent que le moment de la volupté
s'approche. Tu peux finir, dit-il à son Valet-de-Chambre.   Celui-ci redouble ses
coups; tous deux enfin se pâment & répan-
dent la liqueur divine.

Chere Thérese, dit la Bois-Laurier,
en poursuivant ses propos, je me rapelle
fort à propos d'une plaisante avanture qui
m'arriva ce même jour avec trois *Capucins*;
elle te donnera une idée de l'exactitude de
ces bons Peres à observer leurs vœux de
chasteté.

Après être sortie de chez le Courtisan,

dont je viens de te parler, & avoir dit adieu à ma compagne, comme je tournois le premier coin de rue pour monter dans un fiacre qui m'attendoit, je rencontrai la *Dupuis* amie de ma mere, digne émule de son commerce, mais qui en exerçoit les travaux dans un monde moins bruyant. Ah! Ma chere Manon, me dit-elle en m'abordant, que je fuis ravie de te rencontrer! tu fçais que c'eft moi qui ai l'honneur de fervir prefque tous nos Moines de Paris. Je crois que ces chiens-là fe font tous donné le mot aujourd'hui pour me faire enrager: ils font tous en *rût*. J'ai, depuis ce matin, neuf filles en campagne pour eux en diverfes chambres & quartiers de Paris, & je cours depuis quatre heures, fans en pouvoir trouver une dixiéme pour trois vénérables Capucins, qui m'attendent encore dans un fiacre bien fermé fur le chemin de ma petite maifon. Il faut, Manon, que tu me faffe le plaifir d'y venir: ce font de bons diables, ils t'amuferont. J'eus beau dire à la *Dupuis* qu'elle

fçavoit bien que je n'étoit pas un gibier de
Moines, que ces Meſſieurs ne ſe conten-
toient pas des plaiſirs de fantaiſie, de ceux
de la petite oye, mais qu'il leur falloit au
contraire des filles dont les ouvertures fuſſent très-libres.   Parbleu! repliqua la Dupuis, je te trouve admirable de t'inquiet-
ter des plaiſirs de ces coquins-là! il ſuffit
que je leur donne une fille; c'eſt à eux à en
tirer tel parti qu'ils pourront. Tiens, voilà
ſix louis qu'ils m'ont mis en mains: il y en
a trois pour toi, veux-tu me ſuivre? La
curioſité autant que l'intérêt me détermina.
Nous montâmes dans mon fiacre, & nous
nous rendimes près de *Montmartre* à la petite maiſon de la *Dupuis.*

Un inſtant après entrent nos trois capu-
chons! qui, peu accoutumés à goûter d'un
morceau auſſi friand que je paroiſſois l'être
ſe jettent ſur moi comme trois dogues affa-
més.   J'étois dans ce moment debout, un
pied élevé ſur une chaiſe, nouant une de
mes jarretieres.   L'un avec une barbe rouſ-
ſe & une hâleine infeċtée, vint m'appuyer

un baiser sur *la parolle*, encore cherchoit-
il à chifonner avec sa langue. Un second
tracassoit grossierement sa main dans mes
tetons; & je sens le visage du troisiéme,
qui avoit levé ma chemise par derriere,
appliqué contre mes fesses tout près du
trou mignon, quelque chose de rude comme du crin, passé entre mes cuisses, me
farfouilloit le quartier de devant; j'y porte la main: qu'est-ce que je saisis? La barbe du Pere Hilaire, qui, se sentant pris
& tiré par le menton, m'applique, pour
m'obliger à lâcher prise, un assez vigou-
reux coup de dent dans une fesse. J'abandonne en effet la barbe, & un cri perçant
que ma douleur m'arrache, en imposa
heureusement à ces effrénés, & me tira
pour un moment de leurs pattes. Je m'assis
sur un lit de repos près lequel j'étois; mais
à peine eus-je le temps de m'y reconnoître,
que trois instrumens énormes se trouvent
braqués devant moi. Ah! mes Peres, m'é-
criai-je, un moment de patience, s'il vous
plaît: mettons un peu d'ordre dans ce qui

nous refte à faire. Je ne fuis point venue
ici pour jouer la veftale: voyons donc avec
lequel de vous trois je.......? C'eft à moi,
s'écrierent·ils tous enfemble, fans me donner le temps d'achever. A vous, jeunes
barbes, reprit l'un d'eux en *nazillant*?
Vous ôfez difputer le pas à Pere Ange ci-
vevant Gardien de..... Prédicateur du Ca-
rême de... votre Supérieur! Où eft donc
la fubordination? Ma foi ce n'eft pas chez
la *Dupuis*, reprit l'un d'eux fur le même
ton: ici Pere Anfelme vaut bien Pere Ange. Tu en as menti, repliqua ce dernier
en apoftrophant un coup de poing dans le
milieu de la face du très-Révérend Pere
Anfelme. Celui-ci, qui n'étoit rien moins
que manchot, faute fur Pere Ange: tous
deux fe faififfent, fe colletent, fe culbu-
tent, fe déchirent à belles dents: leurs rob-
bes relevées fur leurs têtes, laiffent à découvert leurs miférables outils, qui, de
faillans qu'ils s'étoient montrés, fe trou-
voient réduits en forme de lavettes. La
Dupuis accourut pour les féparer; elle n'y

réuffit qu'en appliquant un grand fceau d'eau fraîche fur les parties honteufes de ces deux difciples de faint François.

Pendant le combat, Pere Hilaire ne s'amufoit point à la moutarde. Comme je m'étois renverfée fur le lit, pâmée de rire & fans forces, il fourageoit mes appas, & cherchoit à manger l'huitre difputée à belles gourmades par fes deux compagnons. Surpris de la réfiftance qu'il rencontre, il s'arrête pour examiner de près les *débouchés* ; il entr'ouvre la coquille, point d'iffues. Que faire ? Il cherche de nouveau à percer : foins perdus, peines inutiles. Son inftrument, après des efforts redoublés, eft réduit à l'humiliante reffource de cracher au nez de l'huitre qu'il ne peut gober.

Le calme fuccéda tout à coup aux fureurs monacales. Pere Hilaire demande un inftant filence : il informe les deux combattans de mon irrégularité & de la barriere infurmontable qui fermoit l'entrée du féjour des plaifirs. La vieille Dupuis effuya de vifs reproches, dont elle fe défendit en

plaifantant ; & en femme qui fçait fon monde, elle tâcha de faire diverfion par l'arrivée d'un convoi de bouteilles de vin de
Bourgogne, qui furent bien-tôt fablées.

Cependant les outils de nos Peres re-
prennent leur premiere confiftance. Les
libations bachiques font interrompues de
temps à autres par des libations à Priape.
Toutes imparfaites qu'étoient celles-ci,
nos frappards femblent s'en contenter, &
tantôt mes feffes, tantôt leur revers fervent d'autel à leurs offrandes.

Bientôt une exceffive gayeté s'empare
des efprits. Nous mettons à nos convives
du rouge, des mouches : chacun d'eux
s'affuble de quelqu'un de mes ajuftemens
de femme : peu-à-peu je fuis dépouillée
toute nue & couverte d'un fimple manteau
de Capucin : équipage dans lequel ils me
trouvent charmante. N'êtes-vous pas trop
heureux, s'écria la Dupuis qui étoit à moitié yvre, de jouir du plaifir de voir un
minois comme celui de la charmante Manon ? Non, ventrebleu ! Répliqua Pere

Ange

Ange d'un ton bachique : „ Je ne fuis point
„ venus ici pour voir un minois : c'eft pour
„ F... un C... que je m'y fuis rendu : j'ai
„ bien payé, ajouta - t - il ; & ce V.... que
„ je tiens en mains, n'en fortira ventre-
„ dieu pas, qu'il n'ait F... fut-ce le Dia-
„ ble.

Ecoute bien cette fcène, me dit la Bois-
Laurier en s'interrompant, elle eft ori-
ginale ; mais je t'avertis (peut-être un peu
tard) que je ne puis rien retrancher à l'é-
nergie des termes, fans lui faire perdre
toutes fes graces.

La Bois - Laurier avoit trop élégamment
commencé, pour ne pas la laiffer finir de
même ; je fouris ; elle continua ainfi le récit de cette avanture.

Fut-ce le Diable ! répéta la Dupuis, en
fe levant de deffus fa chaife & élevant fa
voix du même ton nazillant que celui du
Capucin : hé bien ! B... dit - elle, en fe
trouffant jufqu'au nombril, „ regarde ce
„ C.... vénérable, qui en vaut bien deux,
„ je fuis une bonne diableffe ; F...... moi

,, donc, fi tu l'ofe, & gagne ton argent." Elle prend en même-temps Pere Ange par la barbe & l'entraine fur elle en fe laiffant tomber fur le petit lit. Le Pere n'eft point déconcerté par l'enthoufiafme de fa Proferpine, il fe difpofe à l'enfiler, & l'enfile à l'inftant.

A peine la fexagenaire Dupuis eut elle éprouvé le frottement de quelques fécouffes du Pere, que ce plaifir délicieux, qu'aucun mortel n'avoit eu la hardieffe de lui faire goûter depuis plus de vingt-cinq ans, la tranfporte & lui fait bientôt changer de ton. Ah! mon Papa, difoit-elle en fe démenant comme une enragée, ,, mon cher Pa·
,, pa, F. donc... donne-moi du plaifir... je
,, n'ai que quinze ans, mon ami, oui, vois-
,, tu? Je n'ai que quinze ans.... fens-tu ces
,, allures?..... vas donc, mon petit Che
,, rubin!.... tu me rends la vie.... tu fais
,, une œuvre méritoire.....

Dans l'intervale de ces tendres exclamations, la Dupuis baifoit fon champion, elle le pinçoit, elle le mordoit avec les deux uniques *chiquots* qui lui reſtoient dans la bouche.

D'un autre côté le Pere qui étoit ſur-chargé de vin, ne faiſoit que *haniquiner*; mais ce vin commençant à faire ſon effet, *la galerie*, compoſée des Révérends Peres Anſelmes, Hilaire & de moi, s'apperçut bientôt que Pere Ange perdoit du terrein, & que ſes mouvemens ceſſoient d'être ré-gulierement périodiques. Ah! B.... s'écria tout - à - coup la connoiſſeuſe Dupuis, ,, je ,, crois que tu déb.... chien ſi tu me faiſois ,, un pareil affront.... dans l'inſtant l'eſto-mach du Pere, fatigué par l'agitation, fait *capot*; & l'innondation, portant direc-tement ſur la face de l'infortunée Dupuis au moment d'une de ſes exclamations a-moureuſes qui lui tenoit la bouche béante, la vieille ſe ſentant infeſtée de cette *exli-bation* infeſte, ſon cœur ſe ſouleve, & elle paie l'agreſſeur de la même monoie.

Jamais ſpeſtacle plus affreux & plus ri-ſible en même-temps. Le Moine s'appé-ſantit, écroule ſur la Dupuis: celle-ci fait

de puiſſans efforts pour le renverſer de côté, elle y réuſſit. Tous deux nagent dans
l'ordure : leurs viſages ſont méconnoiſſa-
bles : la Dupuis dont la colere n'étoit que
ſuſpendue tombe ſur Fere Ange à grands
coups de poings : mes ris immodérés &
ceux des deux ſpectateurs, nous ôtent la
force de leur donner du ſecours. Enfin
nous les joignîmes & nous ſéparâmes les
champions. Pere Ange s'endort : la Dupuis ſe nettoie ; à l'entrée de la nuit, chacun ſe retire & gagne tranquillement ſon
manoir.

Après ce beau récit, qui nous apprêta à
rire de grand cœur, la Bois-Laurier continua à peu près dans ces termes.

Je ne te parle point du goût de ces mon-
ſtres qui n'en ont que pour le plaiſir *Anti-
phiſique*, ſoit comme *agent*, ſoit comme
patient. L'Italie en produit moins aujour-
d'hui que la France. Ne ſçavons-nous pas
qu'un Seigneur aimable, riche, entiché
de cette frénéſie, ne put venir à bout de
conſommer ſon mariage avec une épouſe

charmante, la premiere nuit de ſes nôces, que par le moyen de ſon Valet - de - Chambre, à qui ſon Maître ordonna, dans le fort de l'acte, de lui faire même introduction par derriere que celle qu'il faiſoit à ſa femme par devant.

Je remarque cependant que Meſſieurs les Antiphiſiques ſe mocquent de nos injures & défendent vivement leur goût, en ſoutenant que leurs antagoniſtes ne ſe conduiſent que par les mêmes principes qu'eux. „ Nous cherchons tous le plaiſir, diſent „ ces hérétiques, par la voie où nous „ croyons le trouver. C'eſt le goût qui gui- „ de nos adverſaires ainſi que nous. Or „ vous conviendrez que nous ne ſommes „ par les maîtres d'avoir tel ou tel goût. „ Mais dit - on, lorſque les goûts ſont cri- „ minels lorſqu'ils outragent la nature, il „ faut les rejetter. Point du tout : en ma- „ tiere de plaiſirs, pourquoi ne pas ſuivre „ ſon goût? Il n'y en a point de coupa- „ bles. D'ailleurs il eſt faux que l'*Anti-* „ *phiſique* ſoit contre nature, puiſque c'eſt

„ cette même nature qui nous donne le
„ penchant pour ce plaifir. Mais, dit-on
„ encore, on ne peut pas procréer fon
„ femblable continuent-ils. Quel pitoyable
„ raifonnement! Où font les hommes, de
„ l'un & de l'autre goût, qui prennent le
„ plaifir de la chair dans la vûë de faire des
„ enfans.

Enfin continua la Bois-Laurier, Mes-
fieurs les Antiphifiques allégent mille bonnes raifons, pour faire croire qu'ils ne font
ni à plaindre, ni à blâmer. Quoiqu'il en
foit, je les détefte; & il faut que je te con-
te un tour affez plaifant que j'ai joué une
fois en ma vie à un de ces exécrables enne-
mis de notre fexe.

J'étois avertie qu'il devoit venir me voir;
& quoique je fois naturellement une terrible petteufe, j'eus encore la précaution de
me farcir l'eftomach d'une forte quantité
de navets, afin d'être mieux en état de le
recevoir fuivant mon projet. C'étoit un
animal que je ne fouffrois que par complaifance pour ma mere. Chaque fois qu'il

venoit au logis, il s'occupoit pendant deux heures à examiner mes fesses, à les ouvrir, à les refermer, à porter le doigt au trou, où il eut volontiers tenté de mettre autre chose, si je ne m'étois pas expliquée nettement sur l'article : en un mot je le détestois. Il arrive à neuf heures du soir ; m'ayant fait coucher à plat ventre sur le bord d'un lit : puis, après avoir exactement levé mes juppes & ma chemise, il va, selon sa louable coutume, s'armer d'une bougie dans le dessein de venir examiner l'objet de son culte. C'est où je l'attendois. Il met un genoux en terre, & approchant la lumiere & son nez, je lui lâche à brûle - pourpoint un vent moelleux, que je retenois avec peine depuis deux heures ; le prisonnier en s'échappant fit un bruit enragé & éteignit la bougie. Le curieux se jette en arriere en faisant, sans doute, une grimace de tous les diables ; la bougie tombée de ses mains fut ralumée ; je profite du désordre & me sauve, en éclatant de rire, dans une chambre voisine, où je m'enfermai, &

de laquelle ni prieres, ni menaces ne purent me tirer, jufqu'à ce que mon homme au camonflet eut vuidé la maifon.

Ici Madame Bois-Laurier fut obligée de ceffer fa narration par les ris immodérés qu'excita en moi cette derniere avanture. Par compagnie elle rioit auffi de tout fon cœur; & je penfe que nous n'euffions pas fini fitôt, fans l'arrivée de deux Meffieurs de fa connoiffance que l'on vint nous annoncer. Elle n'eut que le temps de me dire que cette interruption la fàchoit beaucoup, en ce qu'elle ne m'avoit encore montré que le mauvais côté de fon hiftoire, qui ne pouvoit que me donner une fort mauvaife opinion d'elle; mais qu'elle efpéroit me faire bientôt connoître le bon, & m'apprendre avec quel empreffement elle avoit faifi la premiere occafion qui s'étoit préfantée de fe retirer du train de vie abominable dans lequel la Lefort l'avoit engagée.

Je dois en effet rendre juftice à la Bois-Laurier : fi j'en excepte mon avanture avec M. R... d'ont elle n'a jamais voulu convenir d'avoir été de moitié, fa conduite n'a rien eu d'irrégulier pendant le temps que je l'ai connue. Cinq ou fix amis formoient fa fociété ; elle ne voyoit de femme que moi , & les haïffoit. Nos converfations étoient décentes devant le monde : rien de fi libertin que celles que nous tenions dans le particulier depuis nos confidences réciproques. Les hommes qu'elle voyoit, étoient tous gens fenfés. On jouoit à de petits jeux de commerce : enfuite on foupoit chez elle prefque tous les foirs. Le feul B... ce prétendu oncle Financier étoit admis à l'entretenir en particulier.

J'ai dit que deux Meffieurs nous avoient été annoncés : ils entrerent ; nous fimes un Quadrille, nous foupâmes gaiment. La Bois-Laurier qui étoit d'une humeur charmante & qui peut-être étoit bien aife de ne me pas laiffer feule livrée aux réflexions de mon avanture du matin , m'entraîna dans fon lit. Il fallut coucher avec : on hurle avec les Loups, nous dîmes & nous fimes toutes fortes de folies.

Ce fut, mon cher Comte, le lendemain de cette nuit libertine, que je vous parlai pour la premiere fois. Jour fortuné! fans vous, fans vos confeils, fans la tendre a- mitié & l'heureufe fympathie qui nous lia d'abord, je coulois infenfiblement à ma perte. C'étoit un Vendredi ; vous étiez, il m'en fouvient, dans l'amphi - théatre de l'Opéra, prefque au-deffous d'une loge où nous étions placées la Bois-Laurier & moi. Si nos yeux fe rencontrerent par hazard, ils fe fixerent par réflexion. Un de vos a- mis, qui devoit être le même foir l'un de nos convives, nous joignit : vous l'abor- dâtes peu de temps après. On me plaifan- toit fur mes principes de morale ; vous pa- rûtes curieux de les approfondir, & enfui- te charmé de les connoître à fond. La con- formité de vos fentimens aux miens, réveil- la mon attention. Je vous écoutois, je vous voyois avec un plaifir qui m'étoit inconnu jufqu'alors. La vivacité de ce plaifir m'a- nima, me donna de l'efprit, développa en moi des fentimens que je n'y avois pas

encore apperçus. Tel eſt l'effet de la ſym-
pathie des cœurs, il ſemble que l'on penſe
par l'organe de celui avec qui elle agit.
Dans le même inſtant que je diſois à la Bois-
Laurier qu'elle devoit vous engager à venir ſouper avec nous, vous faiſiez la même
propoſition à votre ami. Tout s'arrangea;
l'Opéra finit, nous montâmes tous quatre
dans votre caroſſe pour nous rendre dans
votre petit hôtel - garni, où après un quadrille, dont nous payâmes amplement les
frais, par les fautes de diſtraction que
nous fimes, on ſe mit à table & on ſoupa.
Enfin ſi je vous vis ſortir avec regret, je
me ſentis agréablement conſolée par la
permiſſion que vous exigeâtes de venir me
voit quelquefois, d'un ton qui me con-
vainquit du deſſein où vous étiez de n'y
pas manquer.

Lorſque vous fûtes ſorti, la curieuſe
Bois - Laurier me queſtionna, & tâcha in-
ſenſiblement de démêler la nature de la
converſation particuliere que nous avions
eue vous & moi, après le ſouper. Je lui dis

tout naturellement que vous m'aviez paru
défirer de fçavoir quelle efpece d'affaire
m'avoit conduite & me retenoit à Paris ; &
je convins que vos procédés m'avoient in-
fpiré tant de confiance, que je n'avois pas
héfité à vous informer de prefque toute
l'hiftoire de ma vie, & de l'état de ma fituation actuelle.   Je continuai de lui dire
que vous m'aviez paru touché de mon état,
& que vous m'aviez fait entendre que par
la fuite vous pourriez me donner des preuves des fentimens que je vous avois infpirés.   Tu ne connois pas les hommes, reprit
la Bois - Laurier , la plûpart ne font que
des féducteurs & des trompeurs, qui , a-
près avoir abufé de la crédulité d'une fille,
l'abandonnent à fon malheureux fort.   Ce
n'eft pas que j'aie cette idée du caractere
du Comte perfonnellement ; au contraire,
tout annonce en lui l'homme qui penfe ,
l'honnête-homme , qui eft tel par raifon,
par goût & fans préjugés.

Après quelqu'autres difcours de la Bois-
Laurier, qui vifoient à me fervir de leçons,

propres à m'apprendre à connoître les différens caracteres des hommes, nous nous
couchâmes, & dès que nous fûmes au lit,
nos folies firent place au raisonnement.

Le lendemain matin la Bois - Laurier me
dit en s'éveillant : je vous ai conté hier,
ma chere Thérese, à peu près toutes les
miseres de ma vie ; vous avez vû le mauvais côté de la médaille : ayez la patience
de m'écouter, vous en connoîtrez le bon.

Il y avoit long-temps, poursuivi-t-elle,
que mon cœur étoit bourrelé, que je gé-
missois de la vie indigne, humiliante,
dans laquelle la misere m'avoit plongée,
& où l'habitude & les conseils de la Lefort
me retenoient, lorsque cette femme, qui
avoit eu l'art de conserver sur moi une sorte d'autorité de mere, tomba malade &
mourut. Chacun me croyant sa fille, je
restai paisible héritiere de tout. Je trouvai, tant en argent comptant, qu'en meubles, vaisselle, linge, de quoi former
une somme de trente - six mille livres : en
me conservant un honnéte nécessaire, tel

que vous le voyez aujourd'hui, je vendis
le superflus, & dans l'espace d'un mois j'ar-
rangeai mes affaires de maniere que je
m'assûrai trois mille quatre cens livres de
rente viagere. Je donnai mille livres aux
pauvres, & je partis pour Dijon, dans le
dessein de m'y retirer & d'y passer tranquillement le reste de mes jours.

Chemin faisant la petite vérole me prit
à Auxerre, qui changea tellement mes
traits & mon visage, qu'elle me rendit mé-
connoissable. Cet événement, joint au
mauvais secours que j'avois reçu pendant
ma maladie dans la Province que je m'é-
tois proposé d'habiter, me fit changer de
résolution. Je compris aussi, retournant à
Paris, & m'éloignant des deux quartiers
que j'avois habité pendant mes deux cara-
vannes, je pourrois facilement y vivre
tranquille dans un autre, sans être recon-
nue. J'y suis donc de retour depuis un an.
M. B... est le seul homme qui m'y con-
noisse pour ce que je suis: il veut bien que
je me dise sa niéce, parce que je me fais

paſſer pour une femme de qualité. Vous êtes auſſi, Théreſe, la ſeule femme à qui je me ſois confiée ; bien perſuadée qu'une perſonne qui a des principes tels que les vôtres, eſt incapable d'abuſer de la confiance d'une amie, que vous vous êtes attachée par la bonté de votre caractere & par l'équité qui régne dans vos ſentimens.

*Fin de l'Hiſtoire de la Bois-Laurier ; &
ſuite de celle de Théreſe.*

Lorſque Madame Bois-Laurier eut fini, je l'aſſurai qu'elle devoit faire fond ſur ma diſcretion ; & je la remerciai de bon cœur de ce qu'elle avoit vaincu en ma faveur la répugnance que l'on a naturellement à informer quelqu'un de ſes déréglemens paſſés.

Il étoit alors près de midi. Nous en étions aux politeſſes mutuelles, la Bois-Laurier & moi, lorſqu'on m'annonça que vous demandiez à me voir. Mon cœur treſſaillit de joie : je me levai, je volai auprès de vous : nous dinâmes & paſſâmes enſemble le reſte de la journée.

Trois femaines s'écoulerent, pour ainfi dire, fans que nous nous quitaffions, & fans que jeuffe l'efprit de m'appercevoir que vous employez ce temps à connoître fi j'étois digne de vous. En effet, ennivrée du plaifir de vous voir, mon ame n'appercevoit aucun autre fentiment dans moi; & quoique je n'euffe d'autre défir que celui de vous poff éder toute ma vie, il ne me vint jamais dans l'idée de former un projet fuivi, pour m'affurer ce bonheur.

Cependant la modeftie de vos expreffions, & la fageffe de vos procédés avec moi, ne laiffoient pas de m'allarmer. S'il m'aimoit, difois-je, il auroit auprès de moi les airs de vivacité que je vois à tels & tels qui m'affurent qu'ils ont pour moi l'amour le plus vif. Cela m'inquiétoit. J'ignorois alors que les gens fenfés aiment avec des procédés fenfés, & que les étourdis font des étourdis partout.

Enfin, cher Comte, au bout d'un mois, vous me dites un jour affez laconiquement, que ma fituation vous avoit inquiété dès le jour même que vous m'aviez connue; que ma figure, mon caractere, ma confiance en vous vous avoient déterminé à chercher des moyens qui puffent me tirer du labyrinthe dans lequel j'étois à la veille d'être engagée. Je vous parois fans doute bien froid, Mademoifelle, ajoutâtes-vous, pour un homme qui vous affûre qu'il vous aime. Cependant rien n'eft fi certain; mais comptez que la paffion qui m'affecte le plus, eft celle de vous rendre heureufe. Je voulus en ce moment vous interrompre pour vous remercier. Il n'eft pas temps, Mademoifelle, reprites-vous; ayez la bonté de m'écouter jufqu'à la fin. J'ai douze mille livres de rente: je puis, fans m'incommoder, vous en affurer deux mille pendant votre vie. Je fuis garçon, dans la ferme réfolution de ne jamais me marier, & déterminé à quitter le grand monde, dont les bifareries commencent à m'être trop à charge, pour me retirer dans une affez belle Terre que j'ai à quarante lieues de Paris. Je pars dans quatre jours. Voulez-

vous m'y accompagner comme amie ? Peut-
être par la fuite vous déterminerez - vous à
vivre avec moi comme ma maîtreſſe : cela
dépendra du plaiſir que vous aurez à m'en
faire ; mais comptez que cette détermination ne réuſſira qu'autant que vous ſentirez
intérieurement qu'elle peut contribuer à
votre félicité.

C'eſt une folie, ajoutâtes-vous, de croire qu'on eſt maître de ſe rendre heureux
par ſa façon de penſer. Il eſt démontré
qu'on ne penſe pas comme on veut. Pour
faire ſon bonheur, chacun doit ſaiſir le
genre de plaiſir qui lui eſt propre, qui convient aux paſſions dont il eſt affecté, en
combinant ce qui réſultera de bien ou de
mal, de la jouiſſance de ce plaiſir, & en
obſervant que ce bien & ce mal ſoient con-
ſidérés non ſeulement eû égard à ſoi-mê-
me, mais encore eû égard à l'intérêt public. Il eſt conſtant que, comme l'homme par la multiplicité de ſes beſoins, ne
peut-être heureux ſans le concours d'une infinité d'autres perſonnes, chacun doit être

attentif à ne rien faire qui blesse la félicité de son voisin. Celui qui s'écarte de ce système fuit le bonheur qu'il cherche. D'où on peut conclure avec certitude, que le premier principe que chacun doit suivre pour vivre heureux dans ce monde, est d'être honnête-homme & d'observer les loix humaines, qui sont comme les liens des besoins mutuels de la société. Il est évident, dis-je, que ceux ou celles qui s'éloignent de ce principe ne peuvent être heureux; ils sont persécutés par la rigueur des loix, par les remords, par la haine, & par le mépris de leurs Concitoyens.

Réfléchissez donc, Mademoiselle, continuâtes-vous, à tout ce que je viens d'avoir l'honneur de vous dire : consultez, voyez si vous pouvez être heureuse en me rendant heureux. Je vous quitte; demain je viendrai recevoir votre réponse.

Votre discours m'avoit ébranlée. Je sentis un plaisir inexprimable à imaginer que je pouvois contribuer à ceux d'un homme qui pensoit comme vous. J'apperçus en

même-temps le labyrinthe dont j'étois ménacée & fur lequel votre générofité devoit
me raffûrer. Je vous aimois; mais que les
préjugés font puiffans & difficiles à détruire! L'état de fille entretenue, auquel j'a-
vois toujours vû attacher une certaine honte, me faifoit peur. Je craignois auffi de
mettre un enfant au monde : ma mere,
Madame C... avoient failli de périr dans
l'accouchement. D'ailleurs l'habitude où j'é-
tois de me procurer par moi-même un genre de volupté que l'on m'avoit dit être égal
à celui que nous recevons dans les embraffemens d'un homme, amortiffoit le feu de
mon tempéramment; & je ne défirois jamais
rien à cet égard, parce que le foulagement
fuivoit immédiatement les défirs. Il n'y
avoit donc que la perfpeƐtive d'une mifere
prochaine, ou l'envie de me rendre heureufe en faifant votre bonheur, qui puffent me
déterminer. Le premier motif ne fit qu'ef-
fleurer; le fecond me décida.

Avec quelle impatience n'attendis-je pas
votre retour chez moi, dès que j'eus pris

mon parti! Le lendemain vous parûtes; je me précipitai dans vos bras. Oui, Monsieur, je suis à vous, m'écriai-je, ménagez la tendresse d'une fille qui vous cherit: vos sentimens m'assurent que vous ne contraindrez jamais les miens. Vous sçavez mes craintes, mes foiblesses, mes habitudes. Laissez agir le temps & vos conseils. Vous connoissez le cœur humain, le pouvoir des sensations sur la volonté. Servez-vous de vos avantages, pour faire naître en moi celles que vous croirez les plus propres pour me déterminer à contribuer sans réserve à vos plaisirs. En attendant je suis votre amie &c....

Je me rappelle que vous m'interrompîtes à ce doux épanchement de mon cœur. Vous me promîtes que vous ne contraindriez jamais mon goût & mes inclinations. Tout fut arrangé. J'annonçai le lendemain mon bonheur à la Bois-Laurier, qui fondit en larmes en me quittant; & nous partîmes enfin pour votre Terre, le jour que vous aviez fixé.

Arrivée dans cet aimable féjour , je ne fus point étonnée du changement de mon état , parce que mon efprit n'étoit occupé que du foin de vous plaire.

Deux mois s'écoulerent fans que vous me preffaffiez fur des défirs que vous cherchiez à faire naître infenfiblement dans moi. J'allois au - devant de tous vos plaifirs, excepté de ceux de la jouiffence dont vous me vantiez les raviffemens que je ne croyois pas plus vifs que ceux que je goûtois par habitude, & que j'offrois de vous faire partager. Je frémiffoit au contraire à la vûe du trait dont vous ménaciez de me percer. Comment feroit-il poffible, me difois-je, que quelque chofe de cette longueur, de cette groffeur , avec une tête auffi monftrueufe, puiffe être reçu dans un efpace où je puis à peine introduire le doigt ? D'ailleurs, fi je deviens mere, je le fens, j'en mourai. Ah ! mon cher ami, continuois-je , évitons cet écueil fatal ; laiffez-moi faire. Je carreffois, je baifois ce que vous nommez votre *Docteur* : je lui donnois des mouvemens , qui, en vous dérobant, comme malgré vous, cette liqueur divine, vous conduifoient à la volupté & rétablif-foient le calme dans votre ame.

Je remarquois que, dès que l'éguillon de la chair étoit émouffé , fous prétexte du goût que j'avois pour les matieres Mora-le & de Métaphifique , vous employez la force du raifonnement pour déterminer ma volonté à ce que vous défiriez de moi.

C'eft l'amour propre, me difiez - vous un jour, qui décide de toutes les actions de notre vie. J'entends par amour propre cet-te fatisfaction intérieure, que nous fentons à faire telle ou telle chofe. Je vous aime, par exemple , parce que j'ai du plaifir à vous aimer. Ce que j'ai fait pour vous , peut vous convenir, veus être utile ; mais ne m'en ayez aucune obligation. C'eft l'a-mour propre qui m'y a déterminé : c'eft parce que j'ai fixé mon bonheur à contribuer au vôtre ; & c'eft par ce même motif, que vous ne me rendrez parfaitement heureux , que lorfque votre amour propre y trouvera sa satisfaction particuliere. Un homme donne souvent l'aumône aux pauvres, il s'incommode même, pour les soulager : son action est utile au bien de la société, elle est louable à cet égard; mais par rapport à lui, rien moins que cela. Il a fait l'aumône, parce que la compassion qu'il ressentoit pour ces malheureux, excitoit en lui une peine, & qu'il a trouvé moins de désagrément à se défaire de son argent en leur faveur, qu'à continuer de supporter cette peine excitée par la compassion; ou peut-être encore que l'amour propre, flatté par la vanité de passer pour un homme charitable est la véritable satisfaction intérieure qui l'a décidé. Toutes les actions de notre vie sont dirigées par ces deux principes : ,, Se pro-,, curer plus ou moins de plaisir, éviter ,, plus ou moins de peine.

D'autre fois vous m'expliquiez, vous étendiez les courtes leçons que j'avois reçues de M. l'Abbé T... Il vous appris, me disiez-vous, que nous ne sommes pas plus maîtres de penser de telle & de telle maniere, d'avoir telle ou telle volonté, que nous fommes les maîtres d'avoir ou de ne pas avoir la fiévre. En effet, ajoutiez-vous, nous voyons, par des obfervations claires & fimples, que l'ame n'eft maîtreffe de rien, qu'elle n'agit qu'en conféquence des fenfations & des facultés du corps; que les caufes qui peuvent produire du dérangement dans les organes, troublent l'ame; alterent l'efprit; qu'un vaiffeau, un fibre dérangés dans le cerveau, peuvent rendre imbécille l'homme du monde qui a le plus d'intelligence. Nous fçavons que la nature n'agit que par les voies les plus fimples, que par un principe uniforme. Or, puifqu'il eft évident que nous ne fommes pas libres dans de certaines actions, nous ne le fommes dans aucunes.

Ajoutons à cela que fi les armes étoient purement fpirituelles, elles feroient toutes les mêmes. Etant toutes les mêmes, fi elles avoient la faculté de penfer & de vouloir par elles-mêmes, elles penferoient & fe détermineroient toutes de la même maniere dans des cas égaux.   Or c'eſt ce qui n'arrive point. Donc elles ſont déterminées par quelqu'autre choſe, & ce quelqu'autre choſe ne peut-être que la matiere, puiſque les plus crédules ne connoiſſent que l'eſprit & la matiere.

Mais demandons à ces hommes crédules ce que c'eſt que l'eſprit? Peut-il exiſter & n'être dans aucun lieu? S'il eſt dans un lieu, il doit occuper une place: s'il occupe une place, il eſt étendu: s'il eſt étendu, il a des parties; & s'il a des parties, il eſt matiere.   Donc l'eſprit eſt une chimere, ou il fait partie de la matiere.

De ces raiſonnemens, diſiez-vous, on peut conclure avec certitude, premiere-ment que nous ne penſons de telle ou telle maniere, que par raport à l'organiſation de nos corps, jointe aux idées que nous recevons journellement par le taɛt, l'oüie, la vûë, l'odorat & le goût: ſecondement que le bonheur ou le malheur de notre vie dépendent de cette modification de la ma-tiere & de ces idées; qu'ainſi les génies, les

gens qui penfent, ne peuvent trop fe donner de foins & de peines, pour infpirer des
idées qui foient propres à contribuer effica-
cement au bonheur public, & particu-
lierement à celui des perfonnes qu'ils aiment. Et que ne doivent pas faire à cet é-
gard les Peres & les Meres envers leurs enfans, les Gouverneurs, les Précep eurs envers leurs Difciples?

Enfin, mon cher Comte, vous commenciez à vous fentir fatigué de mes refus,
lorfque vous vous avifates de faire venir de
Paris votre Bibliothéque galante, avec votre collection de Tableaux dans le même
genre. Le goût que je fis paroître pour les
Livres & encore plus pour la Peinture, vous
fit imaginer deux moyens qui vous réuffi-
rent. Vous aimez donc, Mademoifelle
Thérefe, me dites-vous en plaifantant, les
lectures & les peintures galantes? J'en fuis
ravi: vous aurez du plus faillant; mais ca-
pitulons, s'il vous plaît: je confens de vous
prêter, & de placer dans votre appartement ma Bibliothéque & mes Tableaux

pendant un an, pourvu que vous vous en-
gagiez de refter pendant quinze jours fans
porter même la main à cette partie, qui en
bonne juftice devroit bien être aujourd'hui
de mon domaine, & que vous faffiez fin-
cerement divorce au *manuélifme*. Point de
quartier, ajoutâtes-vous, il eft jufte que
chacun mette un peu de complaifance
dans le commerce. J'ai de bonnes raifons
pour exiger celle-ci de vous: optez; fans
cet arrangement, point de livres, point
de tableaux.

J'héfitai peu, je fis vœu de continence
pour quinze jours. Ce n'eft pas tout, me
dites-vous encore; impofons-nous des conditions réciproques: il n'eft pas équitable
que vous faffiez un pareil facrifice pour la
vûë de ces tableaux ou pour une lecture
momentanée. Faifons une gageure, que
vous gagnerez fans doute. Je parie ma Bibliothéque & mes Tableaux, contre votre
Pucelage, que vous n'obferverez pas la
continence pendant quinze jours, ainfi que
vous le promettez. En vérité, Monfieur,

vous répondis-je, d'un air un peu piqué, vous avez une idée bien singuliere de mon tempéramment, & vous me croyez bien peu maîtresse de moi-même. Oh! Mademoiselle, répliquâtes-vous; point de procès je vous prie; je n'y suis pas heureux avec vous. Je sens au reste que vous ne devinez point l'objet de ma proposition: écoutez-moi. N'est-il pas vrai que toutes les fois que je vous fais un présent, votre amour propre paroît blessé de les recevoir d'un homme que vous ne rendez pas aussi content qu'il pourroit l'être? Eh bien! la Bibliothéque & les Tableaux, que vous aimez tant, ne vous feront pas rougir, puisqu'ils ne seront à vous que parce que vous les aurez gagné. Mon cher Comte, repris-je, vous me tendez des piéges; mais vous en serez la duppe, je vous en avertis. J'accepte la gageure, m'écriai-je, & je m'oblige, qui plus est, à ne m'occuper toutes les matinées qu'à lire vos livres & à voir vos tableaux enchanteurs.

Tout fut porté par vos ordres dans ma

chambre. Je devorai des yeux, ou pour mieux dire, je parcourus tour à tour, pendant les quatre premiers jours l'Hiſtoire *du Portier des Chartreux*, celle de *la Tourriere des Carmelites*, *l'Académie des Dames*, *le Lauriers Eccléſiaſtiques*, *Thémidore*, *Frétillon*, &c. & nombre d'autres de cette eſpéce, que je ne quittai que pour examiner avec avidité des tableaux où les poſtures les plus laſcives étoient rendues avec un coloris & une expreſſion qui portoient un feu brûlant dans mes veines.

Le cinquiéme jour, après une heure de leĉture, je tombai dans une eſpece d'extaſe. Couchée ſur mon lit, les ridaux ouverts de toute part, deux tableaux (les *Fêtes de Priape*, *les amours de Mars & de Vénus*,) me ſervoient de perſpeĉtive. L'imagination échauffée par les attitudes qui y étoient repréſentées, je me débarraſſai de draps & de couverture; & ſans réfléchir ſi la porte de ma chambre étoit bien fermée, je me mis en devoir d'imiter toutes les poſtures que je voyois. Chaque figure m'inſpiroit le

ſentiment que le Peintre y avoit donné. Deux Athlétes, qui étoient à la partie gauche du Tableau des Fêtes de Priape, m'enchantoient, me tranſportoient, par la conformité du goût de la petite femme au mien. Machinalement ma main droite ſe porta où celle de l'homme étoit placée, & j'étois au moment d'y enfoncer le doigt, lorſque la réflexion me retint. J'apperçus l'illuſion; & le ſouvenir des conditions de notre gageûre m'obligea de lâcher priſe.

Que j'étois bien éloignée de vous croire ſpectateur de mes foibleſſes, ſi ce doux penchant de la nature en eſt une: & que j'étois folle, grands Dieux, de réſiſter aux plaiſirs inexprimables d'une jouiſſance réelle! Tels ſont les effets du préjugé: ils ſont nos tyrans. D'autres parties de ce premier tableau excitoient tour à tour mon admiration & ma pitié. Enfin je jettai les yeux ſur le ſecond. Quelle laſciveté dans l'attitude de Vénus! Comme elle, je m'étendis mollement; les cuiſſes un peu éloignées, les bras voluptueuſement ouverts, j'admirois l'attitude brillante du Dieu Mars le feu dont ſes yeux, & ſurtout ſa lance paroiſſoient être animés, paſſa dans mon cœur. Je me coulois ſur les draps, mes feſſes s'agittoient voluptueuſement, comme pour porter en avant la couronne deſtinée au vainqueur. Quoi! m'écriai-je, les Divinités même font leur bonheur d'un bien que je refuſe! Ah! cher amant, je n'y réſiſte plus. Parois, Comte, je ne crains point ton dard: tu peux percer ton amante; tu peux même choiſir où tu voudras frapper, tout m'eſt égal, je ſouffrirai tes coups avec conſtance, ſans murmurer: & pour aſſurer ton triomphe, tiens! Voilà mon doigt placé.

Quelle ſurpriſe! quel heureux moment! Vous parûtes tout à coup, plus fier, plus brillant que Mars ne l'étoit dans le tableau. Une légere robe de chambre qui vous couvroit fut arrachée. J'ai eu trop de délicateſſe, me dites-vous, pour profiter du premier avantage que tu m'as donné: j'étois à ta porte d'où j'ai tout vû, tout en-

tendu;

tendu; mais je n'ai pas voulu devoir mon bonheur au gain d'une gageûre ingénieuse. Je ne parois, mon aimable Thérefe, que parce que tu m'as appellé. Es-tu détermi-née? Oui, cher amant! m'écriai-je, je fuis toute à toi; frappe-moi, je ne crains plus tes coups.

A l'inftant vous tombâtes entre mes bras; je faifis, fans héfiter, la fléche qui jufqu'a-lors m'avoit parue fi redoutable, & je la plaçai moi-même à l'embouchure qu'elle menaçoit; vous l'enfonçâtes, fans que vos coups redoublés m'arrachaffent le moindre cri; mon attention fixée fur l'idée du plai-fir, ne me laiffa pas appercevoir le fenti-ment de la douleur.

Déjà l'emportement fembloit avoir ban-ni la philofophie de l'homme maître de lui-même, lorfque vous me dites avec des fons mal articulés: „ je n'uferai pas, Thérefe, „ de tout le droit qui m'eft acquis: tu „ crains de devenir mere, je vais te ména-„ ger; le grand plaifir s'approche; porte „ de nouveau ta main fur ton vainqueur,

„ dès que je le retirerai, & aide-le par quel-
„ ques fecouffes à...... il eft temps, ma
„ fille ; je... de... plaifirs..." Ah ! je
meurs auffi , m'écriai-je , je ne me fens
plus, je... me... pâ... me.

Cependant j'avois faifi le trait, je le fer-
rois légerement dans ma main, qui lui
fervoit d'étui, & dans laquelle il acheva
de parcourir l'efpace qui le raprochoit de la
volupté. Nous recommençâmes, & nos
plaifirs fe font renouvellés depuis dix ans,
dans la même forme, fans trouble, fans enfans, fans inquiétude.

Voilà, je penfe, mon cher Bienfaiteur,
ce que vous avez éxigé que j'écriviffe des
détails de ma vie. Que de fots, fi jamais ce
manufcrit venoit à paroître, fe recrieroient
contre la lafciveté, contre les principes
de Morale & de Métaphifique qu'il con-
tient! Je répondrois à ces fots, à ces Ma-
chines lourdement organifées, à ces efpe-
ces d'automates accoutumés à penfer par
l'organe d'autrui, qui ne font telle ou telle
chofe, que parce qu'on leur dit de les fai-

re; je leur répondrois dis-je, que tout ce que j'ai écrit, est fondé sur l'expérience, & sur le raisonnement détaché de tout préjugé.

Oui, ignorans ! la nature est une chimere. Tout est l'ouvrage de Dieu. C'est de lui que nous tenons les besoins de manger, de boire, & de jouir des plaisirs. Pourquoi donc rougir en remplissant ses desseins ? Pourquoi craindre de contribuer au bonheur des humains, en leur apprêtant des ragoûts variés, propres à contenter avec sensualité ces divers appétits. Pourrai-je appréhender de déplaire à Dieu ni aux hommes, en annonçant des vérités qui ne peuvent qu'éclairer sans nuire ? Je vous le répete donc, Censeurs atrabilaires, nous ne pensons pas comme nous voulons. L'ame n'a de volonté, n'est déterminée que par les sensations, que par la matiere. La raison nous éclaire ; mais elle ne nous détermine point. L'amour propre (le plaisir à espérer, ou le déplaisir à éviter) font le mobile de toutes nos déterminaisons. Le bonheur dépend de la conformation des organes , de l'éducation , des fenfations. externes : & les loix humaines font telles que l'homme ne peut-être heureux qu'en les obfervant , qu'en vivant en honnête-homme.   Il y a un Dieu ; nous devons l'aimer, parce que c'eft un Etre fouverainement bon & parfait.   L'homme fenfé , le Philofophe doit contribuer au bonheur public par la régularité de fes mœurs.   Il n'y a point de culte, Dieu fe fuffit à lui-même : les génuflexions, les grimaces, l'imagination des hommes , ne peuvent augmenter fa gloire.   Il n'y a de bien & de mal moral , que par rapport aux hommes : rien par rapport à Dieu.   Si le mal phifique nuit aux uns, il eft utile aux autres : le Médecin, le Procureur, le Financier vivent des maux d'autrui : tout eft combiné.   Les loix établies dans chaque Région , pour refferrer les liens de la fociété , doivent être refpectées : celui qui les enfreint, doit être puni, parce que , comme l'exemple retient les hommes mal organifés , mal intentionnés,

il eſt juſte que la punition d'un infracteur
contribue à la tranquillité générale. Enfin,
les Rois, les Princes, les Magiſtrats,
tous les divers Supérieurs, par gradations,
qui rempliſſent les devoirs de leur état,
doivent être aimés & reſpectés, parce que
chacun d'eux agit pour contribuer au bien
de tous.

F I N.

TABLE DES MATIERES
DE LA SECONDE PARTIE.

**Fin de la Table des Matiéres de la seconde
& derniere Partie.**